CONTEÚDO DIGITAL PARA ALUNOS

Cadastre-se e transforme seus estudos em uma experiência única de aprendizado:

1

Entre na página de cadastro:

www.editoradobrasil.com.br/sistemas/cadastro

2

Além dos seus dados pessoais e de sua escola, adicione ao cadastro o código do aluno, que garantirá a exclusividade do seu ingresso a plataforma.

1390221A9602987

3

Depois, acesse: www.editoradobrasil.com.br/leb
e navegue pelos conteúdos digitais de sua coleção :D

Lembre-se de que esse código, pessoal e intransferível, é valido por um ano. Guarde-o com cuidado, pois é a única maneira de você utilizar os conteúdos da plataforma.

CB037120

Editora
do Brasil

BRINCANDO COM CIÊNCIAS

ORGANIZADORA: EDITORA DO BRASIL

4

ENSINO
FUNDAMENTAL

5ª EDIÇÃO
SÃO PAULO, 2020

**Editora
do Brasil**

Dados Internacionais de Catalogação na Publicação (CIP)
(Câmara Brasileira do Livro, SP, Brasil)

Brincando com ciências, 4 : ensino fundamental /
organização Editora do Brasil. -- 5. ed. --
São Paulo : Editora do Brasil, 2020. --
(Brincando com)

ISBN 978-85-10-08320-1 (aluno)
ISBN 978-85-10-08321-8 (professor)

1. Ciências (Ensino fundamental) I. Série.

20-38450   CDD-372.35

Índices para catálogo sistemático:

1. Ciências : Ensino fundamental   372.35

Maria Alice Ferreira - Bibliotecária - CRB-8/7964

© Editora do Brasil S.A., 2020
Todos os direitos reservados

Direção-geral: Vicente Tortamano Avanso

Direção editorial: Felipe Ramos Poletti
Gerência editorial: Erika Caldin
Supervisão de arte: Andrea Melo
Supervisão de editoração: Abdonildo José de Lima Santos
Supervisão de revisão: Dora Helena Feres
Supervisão de iconografia: Léo Burgos
Supervisão de digital: Ethel Shuña Queiroz
Supervisão de controle de processos editoriais: Roseli Said
Supervisão de direitos autorais: Marilisa Bertolone Mendes

Supervisão editorial: Angela Sillos
Edição: Erika Maria de Jesus
Assistência editorial: Rafael Vieira
Auxílio editorial: Luana Agostini
Especialista em copidesque e revisão: Elaine Silva
Copidesque: Gisélia Costa, Ricardo Liberal e Sylmara Beletti
Revisão: Amanda Cabral, Andréia Andrade, Fernanda Almeida, Fernanda Sanchez, Flávia Gonçalves, Gabriel Ornelas, Jonathan Busato, Mariana Paixão, Martin Gonçalves e Rosani Andreani
Pesquisa iconográfica: Elena Molinari
Assistência de arte: Letícia Santos
Design gráfico: Cris Viana
Capa: Megalo Design
Edição de arte: Patricia Lino
Imagem de capa: Nicolas Viotto
Ilustrações: Anderson Cássio, André Pádua, Eduardo Belmiro, Edson Farias, Ilustrarte, Ilustra Cartoon, Itsuo e Lia Nakashima, João P. Mazzoco, Luca Navarro, Lucas Busatto, Luis Moura, Luiz Lentini, Karina Faria, Kau Bispo, Marcel Borges, Marcos de Mello, Marcos Guilherme, Michel Borges, Paulo César Pereira, Rafaela Bueno, Rogério Rios e Saulo Nunes Marques
Produção cartográfica: DAE (Departamento de Arte e Editoração)
Editoração eletrônica: Camila Suzuki, Marcos Gubiotti, Mario Junior e Ricardo Brito
Licenciamentos de textos: Cinthya Utiyama, Jennifer Xavier, Paula Harue Tozaki e Renata Garbellini
Controle de processos editoriais: Bruna Alves, Carlos Nunes, Rita Poliane, Terezinha de Fátima Oliveira e Valéria Alves

5ª edição / 3ª impressão, 2022
Impresso no parque gráfico da A.R. Fernandez

ASSOCIAÇÃO
BRASILEIRA
DOS DIREITOS
REPROGRÁFICOS

Respeite o direito autoral

Rua Conselheiro Nébias, 887
São Paulo, SP – CEP: 01203-001
Fone: +55 11 3226-0211
www.editoradobrasil.com.br

APRESENTAÇÃO

Querido aluno,

Este livro foi escrito especialmente para você, pensando em seu aprendizado e nas muitas conquistas que virão em seu futuro!

Ele será um grande apoio na busca do conhecimento. Utilize-o para aprender cada vez mais na companhia de professores, colegas e outras pessoas de sua convivência.

Estudar Ciências é valorizar a vida, a natureza e compreender um pouco melhor o Universo em que vivemos.

Aproveite as informações e as atividades deste livro para fazer do mundo um lugar cada vez melhor!

Com carinho,
Equipe da Editora do Brasil

SUMÁRIO

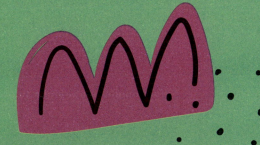

1 Abra bem os olhos e aponte quais são as oito diferenças entre estas duas imagens de um mesmo ambiente marinho.

Marcel Borges

2 Você já brincou de "adedonha"? Nesse jogo, cada participante tem de escrever palavras que começam com uma letra sorteada e se enquadram nas categorias escolhidas (letra, pessoa e animal, por exemplo). O primeiro que completar as palavras deve falar "Pronto!" e ler as que escreveu em voz alta; se todas as palavras estiverem corretas, o jogador ganha um ponto. Se ninguém conseguir, no tempo combinado, completar todas as categorias, ganha quem escreveu mais palavras. Vamos jogar?

Letra	Pessoa	Animal	Planta	Objeto

3 Desvende o enigma e descubra a frase. Depois, escreva-a nas linhas.

[- CAM)]

[A (- VRO) (- LANCIA) + N + (- TU) (- CORA)]

[E + (- ES - LO) (- NHA) (- SIL) + DA] [É]

[(- CAP) (- TA) (- ES)] [(- TO) (- TO)]

[(- LHA) + R] [(- LA) + A] [(- PO) + Ú + (- DO)].

_____

_____

_____

_____

_____

Ilustrações: Lucas Busatto

4 Alexandre tem vários caminhos para chegar até a mesa e fazer sua refeição. Ajude-o a se alimentar de maneira equilibrada, encontrando um caminho em que haja somente alimentos saudáveis.

■ Desenhe ao lado um alimento saudável que você costuma consumir habitualmente.

5 "Eu vou para a Lua e vou levar..." é uma brincadeira fácil. Vamos aprendê-la?

Uma pessoa vai criar uma regra do que se pode ou não levar à Lua, mas não deve contar a ninguém.

Vamos supor que ela escolha a seguinte regra: "Cada jogador deve falar algo que comece com a letra que inicia o próprio nome". Veja o exemplo.

Foi Mariana quem escolheu o critério. Então, ela diz:

– Eu vou para a Lua e vou levar um macaco.

(Note que **macaco** começa com a letra **M**, a mesma inicial de Mariana.)

Em seguida, ela fala:

– E você, Ricardo, o que vai levar?

– Vou levar um rinoceronte – diz Ricardo.

Mariana diz a ele que pode levar. E continua:

– E você, **Camila**, o que vai levar?

– Eu vou levar uma **bala** – diz Camila.

Mariana diz a Camila que ela não pode levar uma bala (as iniciais de Camila e bala não são as mesmas) e pergunta ao próximo colega.

O jogo continua até que todos percebam qual foi o critério escolhido ou desistam de tentar descobrir. Quem descobrir a regra não pode contar aos outros, deve continuar respondendo corretamente quando for sua vez.

Kau Bispo

■ Abuse da criatividade na hora de escolher o critério e boa diversão!

6 Você já ouviu alguém dando informações a um motorista sobre como chegar a determinado lugar? Geralmente, são usados locais de referência (como uma padaria, escola, praça etc.) ou direção e sentido; por exemplo: siga em frente e vire na segunda rua à direita.

Agora, imagine que você e seus colegas são astronautas que receberam orientações para chegar a uma nave espacial. Apenas uma delas está certa. Qual de vocês conseguirá chegar ao destino desejado?

Para saber, junte-se a três colegas e sigam as instruções.

a) Sorteiem um astronauta para cada um de vocês.

b) Cada participante deve começar do ponto preto e seguir a orientação das setas indicadas ao lado de seu astronauta.

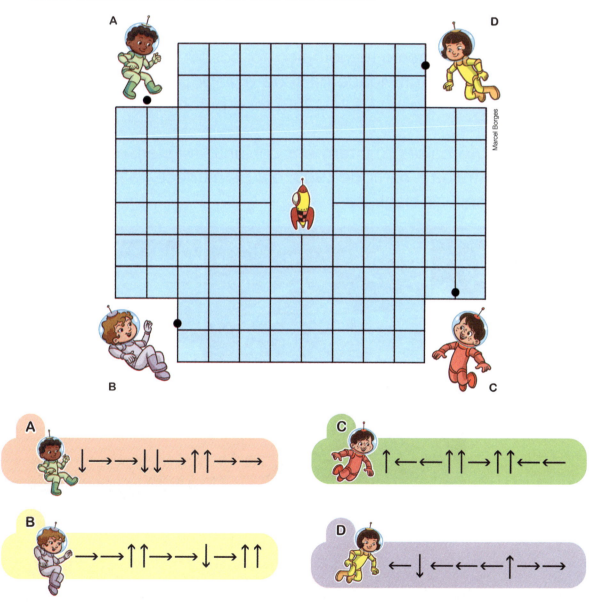

TERRA, NOSSO PLANETA

Explorando o espaço

As imagens desta página não estão representadas na mesma proporção.

O ser humano sempre foi fascinado pelo espaço sideral e seus mistérios.

Com o desenvolvimento tecnológico, foi possível construir naves capazes de escapar da força da gravidade da Terra e viajar para o espaço. Em 1961, o astronauta russo Iuri Gagarin (1934-1968) foi o primeiro ser humano a realizar este feito.

Atualmente, 16 países mantêm em conjunto a Estação Espacial Internacional (EEI). Construída a partir de 1998, ela permanece na órbita da Terra e é utilizada para pesquisas científicas.

Na EEI, estação de pesquisa que funciona como um laboratório espacial, os astronautas do mundo todo se revezam para realizar experimentos.

Os homens e as mulheres astronautas são levados da Terra até a EEI pela nave espacial Soyuz, desenvolvida na Rússia.

Astronauta realiza atividades no lado externo da Estação Espacial Internacional (EEI) em junho de 2018. Ao fundo é possível ver parte do planeta Terra.

Dima Zel/Shutterstock.com

Andrey Armyagov/Shutterstock.com

NASA

Viajando ao espaço

As imagens desta página não estão representadas na mesma proporção.

Muitas pesquisas tiveram de ser feitas para construir naves que pudessem avançar longas distâncias até o espaço.

Algumas dessas naves são tripuladas por astronautas, pessoas que realizam expedições ao espaço. Outras não são tripuladas: viajam pelo Sistema Solar e são controladas remotamente por computadores.

Vamos conhecer algumas naves espaciais desenvolvidas para que os seres humanos pudessem pesquisar o espaço?

Representação artística da Terra vista pela janela de uma espaçonave.

Naves espaciais não tripuladas

Os **satélites espaciais** artificiais são equipamentos enviados ao espaço para orbitar a Terra. Eles são usados em pesquisas meteorológicas e na comunicação (sinais de rádio, TV, internet etc.), entre outras finalidades.

As **sondas espaciais** são naves de pesquisa. Elas viajam pelo espaço para coletar e enviar à Terra informações sobre os corpos celestes.

Essas naves podem se aproximar de planetas, luas e outros astros, ou até mesmo pousar neles. A sonda Cassini, por exemplo, viajou pelo espaço por sete anos até chegar ao planeta Saturno.

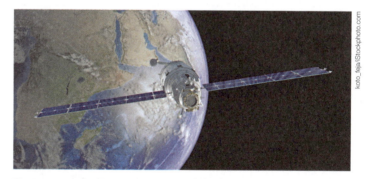

Representação artística de satélite no espaço.

Representação artística da sonda espacial Cassini nas proximidades do planeta Saturno.

Naves espaciais tripuladas

NASA

Os russos foram pioneiros em desenvolver **naves espaciais**, também chamadas de espaçonaves. Foram eles que, por meio da nave Vostok 1, enviaram o primeiro astronauta ao espaço, em 1961.

Depois, os Estados Unidos desenvolveram o programa espacial Apollo, que possibilitou enviar, pela primeira vez na história, três astronautas até a Lua, em 1969.

Lançamento de foguete que levou a espaçonave Apollo 15 ao espaço em 27 de julho de 1971. A Apollo está localizada na parte superior do foguete; na parte inferior fica armazenado o combustível.

Os Estados Unidos também desenvolveram os **ônibus espaciais**. Produziram seis dessas grandes espaçonaves, uma delas foi utilizada apenas para teste. Elas tinham a capacidade de transportar mais de três astronautas, além de carga.

Essas espaçonaves contribuíram para a construção da Estação Espacial Internacio-

3Dsculptor/Shutterstock.com

Representação artística de ônibus espacial.

nal e também foram utilizadas em pesquisas e no transporte de satélites e sondas ao espaço. Atualmente, não são mais utilizadas para viagens espaciais.

NASA

espaçonave   foguete

Os foguetes

Os foguetes são utilizados para levar ao espaço tanto naves tripuladas como não tripuladas. Eles têm motores e combustíveis potentes, por isso conseguem escapar da força gravitacional da Terra. Uma vez no espaço, o foguete libera a nave e ela se movimenta com autonomia, usando energia própria.

O ônibus espacial Discovery foi lançado ao espaço por um foguete em 31 de maio de 2008. Cabo Canaveral, Estados Unidos.

1 Relacione a descrição com a imagem correspondente do veículo espacial.

a)

É uma espaçonave tripulada, com capacidade de transportar mais de três astronautas.

A **sonda espacial Spirit** pousou em Marte em 2004 e enviou dados à Terra até 2010.

b)

Trata-se de um centro de pesquisas espacial tripulado, mantido por 16 países.

O **ônibus espacial Endeavour** levou vários satélites ao espaço entre 1993 e 2011.

c)

São naves não tripuladas que viajam pelo espaço para coletar dados e enviá-los à Terra.

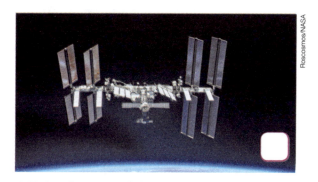

A **Estação Espacial Internacional (EEI)** recebe astronautas de diversos países.

2 Em 1969 a nave Eagle pousou na Lua. Qual meio de transporte foi necessário para levar esse veículo da superfície da Terra até o espaço?

a) ☐ Satélite artificial.

c) ☐ Foguete.

b) ☐ Avião comercial.

A Terra se move no espaço

Observe as imagens abaixo. Você já notou que as sombras, no ambiente externo, mudam de posição à medida que vão passando as horas do dia?

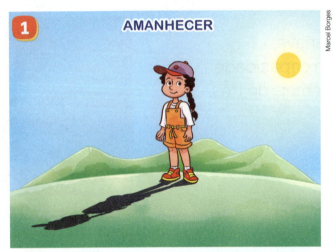

Representação simplificada em cores-fantasia e tamanhos sem proporção.

A menina se posicionou no mesmo lugar ao amanhecer e ao entardecer, mas a posição do Sol e a sombra dela se alteraram.

Como mostram as imagens, o Sol faz um movimento aparente no céu ao longo do dia: ele nasce de um lado pela manhã e se põe no lado contrário, à tarde.

Esse movimento é chamado de aparente porque o que se movimenta, na realidade, é nosso planeta, a Terra. Temos a impressão de que é o Sol que se move – assim como temos a impressão de que tudo a nossa volta gira quando fazemos um movimento de rodopio.

A Terra continuamente se movimenta no espaço, e nós também, pois estamos na superfície dela. E como não percebemos esse movimento do planeta?

A Terra gira em torno de si mesma, semelhante a um pião, e como ela é muito grande – se tomarmos como referência as pessoas e os demais componentes do ambiente a nossa volta –, não notamos esse movimento.

Conheça a seguir os dois principais movimentos que a Terra realiza no espaço.

Movimento de rotação

Representação simplificada em cores-
-fantasia e tamanhos sem proporção.

A Terra gira em torno de um eixo imaginário que cruza seu centro e passa pelos polos Norte e Sul.

O nome desse movimento é **rotação**. Cada rotação leva aproximadamente 24 horas, a duração de um dia.

Quando olhamos para o céu durante o dia, vemos o Sol traçar um caminho conforme o tempo passa. O mesmo ocorre com as estrelas à noite. Chamamos esse deslocamento de movimento aparente, pois, na verdade, é a Terra que gira em torno do seu eixo, fazendo o movimento de rotação. Como estamos sobre ela temos a impressão de que o Sol e as estrelas é que estão girando em torno da Terra.

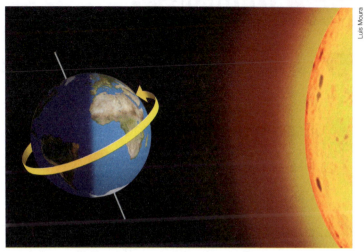

A seta amarela indica um movimento que a Terra realiza no espaço. Desse modo, a luz que chega a sua superfície se modifica ao longo do dia. Enquanto algumas regiões do planeta vão ficando gradativamente iluminadas, outras vão escurecendo. Assim se formam os dias e as noites.

Movimento de translação

Representação simplificada em cores-
-fantasia e tamanhos sem proporção.

Além do movimento ao redor de si mesma, a Terra gira ao redor do Sol.

O movimento da Terra ao redor do Sol é chamado de **translação**. Ele leva aproximadamente 365 dias e 6 horas para se completar. Os 365 dias equivalem a um ano em nosso calendário.

O eixo de rotação da Terra é inclinado em relação ao plano de seu movimento

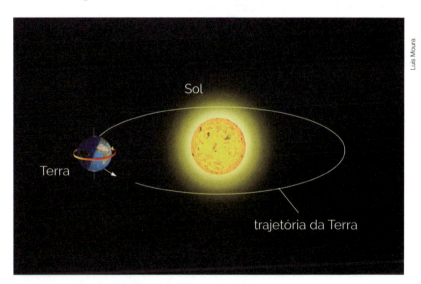

Representação do movimento da Terra ao redor do Sol.

de translação. Devido a essa inclinação, a incidência de luz solar em cada região da Terra muda no decorrer das diferentes épocas do ano.

 **ATIVIDADES**

1 Complete o texto de acordo com o que você estudou.

A _____ tem forma arredondada e _____ em torno de si mesma. Esse movimento demora cerca de ____ horas. Ela também gira ao redor do _____. Esse movimento representa a duração de ____ ano, que é de aproximadamente _____ dias.

2 Escreva **V** se a afirmação for verdadeira ou **F** se for falsa.

a) ⬜ O Sol realiza um movimento aparente no céu durante o dia.

b) ⬜ O Sol e as demais estrelas giram em torno da Terra.

c) ⬜ A Terra gira em torno de si mesma, o que nos dá a impressão de que é o Sol que gira ao redor da Terra.

d) ⬜ Os dias e as noites se sucedem por causa do movimento da Terra em torno de si mesma.

PESQUISANDO

1 Ana Clara gosta muito de admirar os astros no céu. Ela sabe que eles podem ser de três tipos: estrela, planeta e satélite, mas não sabe qual é a diferença entre eles. Faça uma pesquisa com um colega e respondam à pergunta da menina.

_____

_____

_____

_____

_____

_____

Que tipo de astro é a Lua? Será uma estrela?

Archv_Shutterstock.com

 18

Os movimentos da Lua

A Lua é o satélite natural da Terra.

Satélite natural é um astro sideral que gira ao redor de um planeta.

A Lua – e os demais satélites naturais do Universo – não tem luz própria. Ela é iluminada pelo Sol. Nós a vemos brilhar no céu porque ela reflete a luz solar.

Da mesma forma que os outros astros, a Lua também se move. Ela gira ao redor de si mesma e ao redor do nosso planeta.

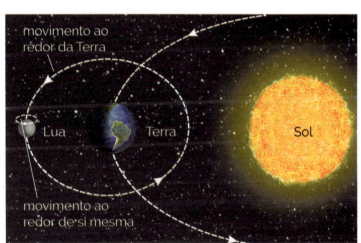

A proporção entre as dimensões dos astros representados, a distância entre eles e as cores utilizadas não correspondem aos dados reais.

Esquema simplificado dos movimentos da Lua. Assim como a Terra, a Lua também gira ao redor de si mesma, semelhante a um pião, e ao redor do planeta Terra.

PESQUISANDO

A Lua é iluminada pela luz do Sol. De acordo com a posição desses dois astros, a parte visível da Lua se modifica dia a dia quando a olhamos da Terra. Esse fenômeno dá origem às fases da Lua.

1 Quais são as quatro fases da Lua?

_____

2 Complete as legendas indicando o nome da fase da Lua, de acordo com o que observamos no céu no Hemisfério Sul.

_____   _____   _____

3 Qual fase da Lua está ocorrendo no dia de hoje? _____

Simulando as fases da Lua

Para conseguirmos visualizar melhor as fases da Lua, vamos construir um modelo utilizando alguns materiais simples.

Material:

- 1 caixa de papelão (pode ser caixa de sapatos ou alguma maior);
- tinta preta ou cartolina preta;
- 1 bola de papel de 2 cm a 3 cm de diâmetro;
- régua;
- fita-crepe;
- palito de churrasco;
- tesoura.

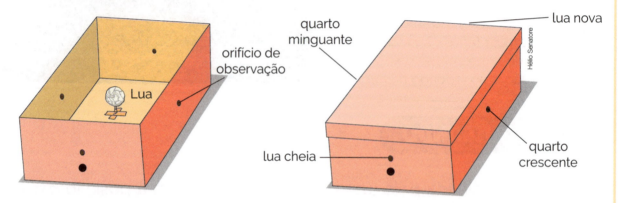

Modo de fazer

1. Pinte o interior da caixa de papelão com a tinta preta. Outra opção é forrá-la com a cartolina preta.

2. Coloque a bola de papel na ponta do palito de churrasco e prenda o palito exatamente no centro da caixa com a fita-crepe. Utilize a régua para medir a caixa e identificar seu centro.

3. O professor fará um furo no centro de cada lateral da caixa, na mesma altura da bola de papel presa na caixa. Esses furos devem ter aproximadamente metade do diâmetro da bola. Utilize a régua para medir tanto a bola quanto os furos.

4. Em uma das laterais da caixa, o professor fará um furo a mais, com o tamanho aproximado do diâmetro da bola de papel. É por esse furo que a luz entrará na caixa.

5. Com a caixa pronta, vá para um ambiente bem claro e observe o interior da caixa pelos furos menores.

1 A imagem que você vê em cada furo é diferente? Desenhe o que vê em cada um deles no quadro abaixo.

2 Relacione cada furo a uma fase da Lua.

Pontos cardeais

Ao perceberem que o Sol nascia sempre em determinado lado do horizonte e desaparecia do lado contrário, os povos antigos passaram a usar esse conhecimento para se localizar. Com o tempo, essas informações foram usadas para estabelecer os pontos cardeais: **norte (N)**, **sul (S)**, **leste (L)** e **oeste (O)**.

Para saber de forma aproximada onde se localizam os pontos cardeais, faça o seguinte procedimento:

- aponte seu braço direito para onde o Sol nasce – este é o lado onde fica o ponto **leste**;
- aponte o braço esquerdo para onde ele se põe – este é o lado onde fica o ponto **oeste**;
- à sua frente estará o ponto cardeal **norte**;
- às suas costas o ponto cardeal **sul**.

Representação simplificada em cores-fantasia e sem escala.

Leonardo Conceição

Esquema que mostra como localizar aproximadamente os pontos cardeais.

21

Para ninguém ficar perdido

Para representar os pontos cardeais é usada a **rosa dos ventos**.

Ela mostra os quatro pontos cardeais principais e os quatro pontos intermediários: **nordeste (NE)**, **noroeste (NO)**, **sudoeste (SO)**, **sudeste (SE)**. Os pontos intermediários estão localizados entre dois pontos principais. Por exemplo, o nordeste fica entre o leste e o norte; o noroeste, entre o norte e o oeste.

A rosa dos ventos é uma marcação utilizada constantemente na leitura de mapas e na localização com o auxílio de uma bússola.

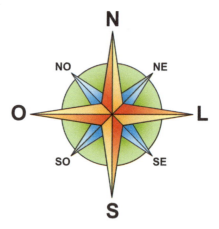

Rosa dos ventos.

A bússola

É um equipamento utilizado para localização geográfica, que por muitos anos possibilitou deslocamentos por terra e por mar. Ela se parece com um relógio, tem uma rosa dos ventos e números em seu mostrador que servem para indicar direções por meio de um ponteiro ou uma agulha.

O planeta Terra tem um campo magnético. Esse fenômeno faz com que o ponteiro da bússola, que tem um ímã, aponte para a direção do Polo Norte. Com isso, os viajantes podem se localizar em qualquer parte do mundo.

As bússolas geralmente vêm com a indicação dos pontos cardeais por meio das letras iniciais dos nomes desses pontos: N, norte; S, sul; O, oeste; L, leste.

Usando uma bússola, uma pessoa pode se localizar em qualquer parte do planeta, na terra ou no mar, de dia ou de noite, sem precisar do auxílio dos astros.

Bússola.

Construindo um gnômon

Um gnômon nada mais é do que uma vara fincada em posição vertical que recebe a luz do Sol ao longo do dia. Esse modelo simples é usado desde muito tempo para determinar os pontos cardeais.

Material:

- vareta de madeira com cerca de 20 cm de comprimento;
- papelão grosso quadrado com cerca de 30 cm de lado (será a base);
- folha de papel sulfite;
- pedaço de barbante com cerca de 40 cm;
- cola; régua, caneta e lápis.

Modo de fazer

1. Faça um buraco com a ponta de uma caneta em um ponto próximo ao centro do papelão.

2. Amarre uma das pontas do barbante na parte inferior da vareta.

3. Coloque a vareta no buraco e posicione-a na direção vertical. Fixe-a bem, para que ela não se incline, usando bastante cola. Espere secar e seu gnômon estará pronto.

4. Na manhã de um dia ensolarado, aproximadamente às 10 horas, escolha um local tranquilo em sua casa que receba luz do Sol o dia todo e deixe ali seu gnômon.

5. Faça uma marca na extremidade da sombra da vareta. Depois, com a régua e o lápis, cubra com um traço a sombra formada.

6. Estenda o barbante desde a vareta até a extremidade da sombra e amarre-o no lápis.

7. Com o lápis, trace uma circunferência cujo centro seja a vareta.

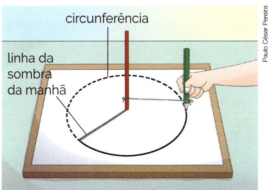

Marcação da sombra do gnômon no início da manhã e traçado da circunferência.

8. Deixe o instrumento no mesmo local até o período da tarde e volte para observar.

9. Espere até a extremidade da sombra da vareta coincidir com um ponto da linha da circunferência e faça uma marca nesse ponto.

10. Cubra a sombra formada desse ponto ao centro com um traço reto.

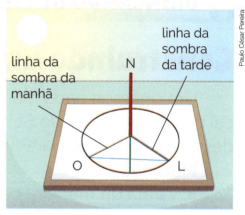

Marcação da sombra do gnômon à tarde.

11. Trace uma nova linha reta (indicada em azul no esquema) ligando as extremidades das duas sombras.

12. Em seguida, trace outra linha reta da vareta até a circunferência, passando pelo ponto médio da linha construída entre as extremidades das sombras (linha verde).

13. Esta última linha reta representa a direção norte-sul. A linha que une as sombras representa a direção leste-oeste.

Feita a atividade, troque ideias com os colegas e responda às questões.

1 O que aconteceu com a sombra entre a primeira e a segunda anotações?

_____

_____

2 Por que isso aconteceu?

_____

_____

3 O gnômon possibilita construir a rosa dos ventos. Explique por quê.

_____

_____

4 Discuta com os colegas a desvantagem desse tipo de instrumento para orientar um viajante em alto-mar que viaja por vários dias e noites.

ATIVIDADES

1 Observe a imagem abaixo. Considerando que são 7 horas da manhã, explique como os personagens podem encontrar os pontos cardeais leste, oeste, norte e sul.

_____

_____

_____

_____

_____

_____

_____

Forma de obter os pontos cardeais.

2 Agora, complete as duas ilustrações a seguir com os dados que faltam.

a) Complete com as letras que simbolizam os pontos cardeais, de acordo com a direção indicada.

b) Preencha a figura da rosa dos ventos ao lado com as letras que simbolizam os pontos cardeais e os pontos intermediários.

25

As estações do ano

A Terra é dividida por uma linha imaginária chamada **Linha do Equador**. Essa linha divide o planeta em duas metades iguais, chamadas de **Hemisfério Norte** e **Hemisfério Sul**.

As imagens desta página são representações simplificadas, em cores-fantasia e tamanhos sem proporção.

Hemisfério Norte

Linha do Equador

Hemisfério Sul

Os hemisférios Norte e Sul são determinados pela Linha do Equador.

As estações do ano são **primavera**, **verão**, **outono** e **inverno**. Elas são consequência da inclinação do eixo da Terra e do seu movimento de translação. Veja as datas aproximadas em que elas ocorrem.

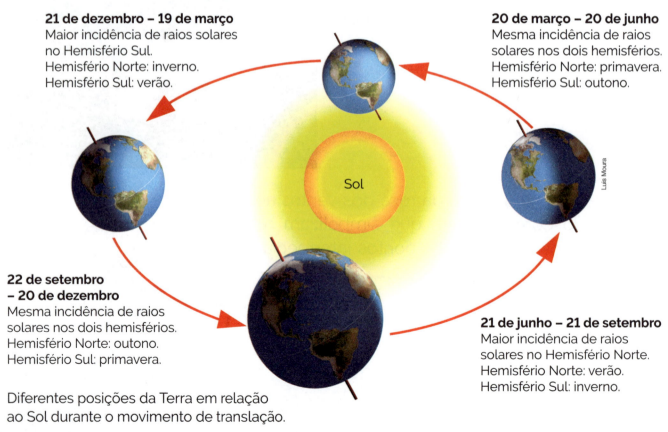

21 de dezembro – 19 de março
Maior incidência de raios solares no Hemisfério Sul.
Hemisfério Norte: inverno.
Hemisfério Sul: verão.

20 de março – 20 de junho
Mesma incidência de raios solares nos dois hemisférios.
Hemisfério Norte: primavera.
Hemisfério Sul: outono.

Sol

22 de setembro – 20 de dezembro
Mesma incidência de raios solares nos dois hemisférios.
Hemisfério Norte: outono.
Hemisfério Sul: primavera.

21 de junho – 21 de setembro
Maior incidência de raios solares no Hemisfério Norte.
Hemisfério Norte: verão.
Hemisfério Sul: inverno.

Diferentes posições da Terra em relação ao Sol durante o movimento de translação.

Estações do ano no Brasil

No Brasil, de modo geral, as estações do ano não são bem definidas, já que as temperaturas não variam muito. Mas, em regiões no Sul do país, as diferenças entre as estações são bem definidas, semelhantes às que ocorrem em outros países do mundo, como na Europa.

Primavera

Uma das principais características da primavera é que muitas espécies de plantas florescem nessa estação.

Verão

Essa estação é marcada por altas temperaturas. Na Região Sudeste corresponde também ao período de chuvas, e na Região Nordeste marca o período de **estiagem**.

Outono

Uma característica dessa estação é que em muitas espécies vegetais os frutos amadurecem ou há perda de folhas.

Inverno

O inverno caracteriza-se por dias com temperaturas mais baixas do que nas demais estações. Na Região Sul do país a temperatura pode ficar abaixo de 0° C, mas em outras, como na Região Norte, os dias são quase tão quentes quanto os do verão.

GLOSSÁRIO

Estiagem: período seco, com pouca chuva.

Árvores floridas durante a primavera. Uruguaiana, Rio Grande do Sul, 2018.

Dia ensolarado de verão. São Paulo, São Paulo, 2017.

Folhas avermelhadas no outono. São Francisco de Paula, Rio Grande do Sul, 2016.

Vegetação congelada em uma manhã de inverno. Londrina, Paraná, 2019.

1 Complete as frases para que fiquem corretas.

a) No Brasil, de modo geral, as estações do ano não são bem definidas, as temperaturas são _____ (altas/baixas) e não variam muito. Na Região Sudeste, o verão caracteriza-se por ser um período _____ (seco/chuvoso); em outros locais, como no Nordeste, esta é a estação mais _____ (chuvosa/seca).

b) No outono, muitas espécies de plantas dão _____ (flores/frutos). Já na primavera, muitas espécies vegetais dão _____ (flores/frutos).

2 Resolva o diagrama de palavras.

1. Também conhecida como estação das flores.

2. Estação do ano em que o Hemisfério Norte recebe maior quantidade de luz e calor do Sol.

3. Cada metade do planeta, quando ele é dividido pela Linha do Equador.

4. Estação do ano em que o Hemisfério Norte recebe menor quantidade de luz e calor do Sol do que o Hemisfério Sul.

5. Estação do ano que sucede o verão e antecede o inverno.

6. Linha imaginária que divide a Terra em Hemisfério Sul e Hemisfério Norte.

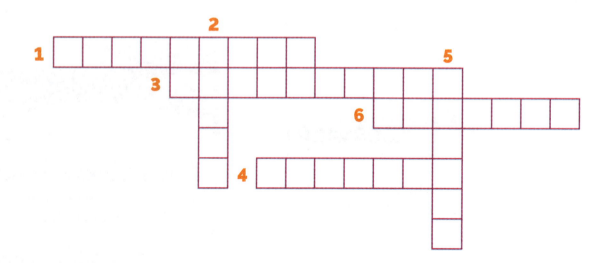

Os astros e a passagem do tempo

A contagem das horas

Os povos antigos utilizavam os astros como referência para se localizar no espaço e também para fazer a contagem do tempo.

Como você estudou, a trajetória do Sol no céu é decorrente do movimento de rotação da Terra e dá origem ao dia e à noite. Com base nisso, as pessoas, então, dividiram o período de tempo que a Terra demora para dar uma volta completa ao redor de si mesma em 24 partes iguais, que correspondem às 24 horas do dia. A partir disso foi possível contar o tempo em horas.

Representação da passagem do tempo ao longo do dia.

Representações simplificadas em cores-fantasia e sem escala.

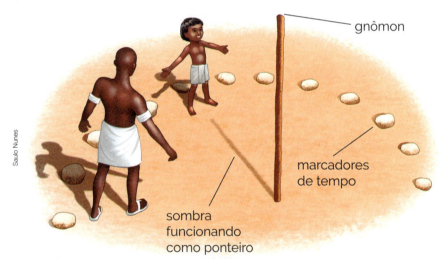

Relógio de sol rudimentar que possibilitava medir a passagem do tempo com base na movimentação da sombra de um gnômon.

Ao perceberem que a trajetória do Sol no céu tinha determinada duração e por conta disso as sombras mudavam de lugar, os antigos egípcios desenvolveram uma forma de marcar o tempo. A haste de madeira, o gnômon, produzia a sombra, que funcionava como se fosse o ponteiro do relógio; já as marcações no chão (pedras) serviam para marcar a passagem do tempo.

Com o passar do tempo, vários tipos de relógios de sol foram desenvolvidos em todo o mundo, muitos já utilizando números para marcar as horas.

A contagem dos dias

Além da contagem das horas, a marcação da passagem dos dias sempre foi importante para a humanidade. Para saber o momento mais adequado de caçar, de plantar ou de deslocar-se de uma região para outra, os povos antigos utilizavam a posição dos astros e os fenômenos que se repetiam regularmente, como as chuvas, a seca etc.

Aos poucos, a observação dos astros possibilitou a elaboração de calendários, que são sistemas para contagem e agrupamento de dias.

Para os povos antigos, perceber que tanto o Sol como outras estrelas e a Lua encontravam-se em posições ligeiramente diferentes no céu dependendo da época do ano, foi fundamental para que eles criassem calendários e os usassem para planejar atividades ao longo do ano. Um exemplo é o calendário romano.

O calendário romano acompanhava o ciclo do Sol e era dividido em doze meses.

O calendário atual

O calendário que utilizamos atualmente tem origem nos calendários desenvolvidos pelos romanos.

Ele é organizado de acordo com o ciclo solar, ou seja, o tempo que a Terra demora para dar uma volta completa ao redor do Sol, aproximadamente 365 dias. Esse período está dividido em 12 meses, que por sua vez estão divididos em semanas de 7 dias.

Normalmente, as pessoas riscam os dias passados e fazem círculos nos dias em que haverá eventos importantes. Nos calendários também é comum que estejam marcados os feriados. Qual feriado está indicado neste calendário?

Exemplo de um calendário moderno, que mostra o mês de abril de 2021.

ATIVIDADES

1 Leia a legenda que acompanha a imagem do relógio de sol e indique cada componente na imagem por meio dos números.

1. gnômon
2. ponteiro do relógio
3. marcadores de tempo

a) Conte a quantidade de pedras e faça sua hipótese sobre o que elas representam. Compartilhe com os colegas.

b) De acordo com a direção da sombra formada na imagem, que horas são?_____

c) Quanto tempo se passa desde que a projeção da sombra do gnômon parte de uma pedra e chega à pedra seguinte? _____

2 Complete o calendário com os dias do mês atual. Destaque os domingos e, se houver, os feriados. Assinale também os dias com eventos importantes (aniversários, provas escolares etc.) e registre os símbolos das fases da Lua.

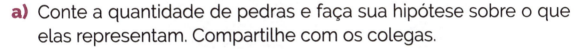

Mês de_____

DOM	SEG	TER	QUA	QUI	SEX	SÁB

Camadas da Terra

A Terra é formada por três camadas: **crosta**, **manto** e **núcleo**.

A crosta, também conhecida como litosfera, é a camada mais externa da Terra. Ela é formada por rochas no estado sólido. É sobre essa camada que nós e os outros seres vivemos e onde estão as montanhas, os rios, os oceanos etc.

Manto é a camada formada por rochas e metais no estado pastoso (magma). A lava dos vulcões é o magma.

Crosta é a camada mais externa. Ela é formada por rochas no estado sólido.

Núcleo é a camada mais interna e mais quente. Ele é composto por metais em temperaturas muito altas.

Vadim Sadovski/Shutterstock.com

Representação simplificada em cores-fantasia e tamanhos sem proporção.

A Terra é composta de três camadas.

O manto é a camada intermediária entre o núcleo e a crosta. Ele é formado por magma, um material pastoso e muito quente. Quando o magma atinge a superfície do planeta, por meio da cratera de um vulcão, por exemplo, nós o chamamos de lava.

O núcleo é a camada mais interna do planeta. Ele é formado por metais derretidos em razão da temperatura muito alta no interior da Terra.

(!) SAIBA MAIS

Como é a Terra por dentro?

O centro do nosso planeta está 6 370 quilômetros abaixo de nossos pés. [...]

"A cada quilômetro que descemos, a temperatura aumenta entre 30 e 40 graus centígrados [...]", diz o geofísico Wladimir Shukowsky [...].

Rafael Kenski. Como é a Terra por dentro? *Superinteressante*, São Paulo, 4 jul. 2018. Disponível em: http://mundoestranho.abril.com.br/geografia/como-e-a-terra-por-dentro/. Acesso em: 3 abr. 2020.

Vulcões

O magma que existe no interior da Terra pode subir à superfície por meio de aberturas na crosta terrestre. Quando isso acontece, formam-se os vulcões. No interior dos vulcões, o magma e os gases vão se acumulando durante muito tempo, e a pressão aumenta até que ocorre a erupção, que é a saída violenta de lava – uma espécie de rio de magma –, pedaços de rochas, gases e cinzas.

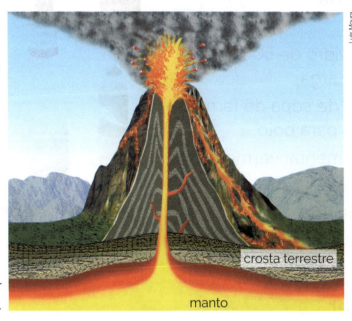

Representação simplificada em cores-fantasia e tamanhos sem proporção.

crosta terrestre

manto

Visão do interior de um vulcão.

Há muitos vulcões ativos em nosso planeta, que constantemente lançam lava, fumaça ou cinza na superfície da Terra.

Em algumas erupções vulcânicas não ocorre derramamento de lava; são expelidos apenas gases, cinzas e poeira.

Em 2018 o vulcão Anak Krakatau, na Indonésia, entrou em erupção. As explosões que ocorreram levaram a um deslizamento de terra embaixo da água, originando uma onda gigante (*tsunami*) que atingiu as ilhas da região.

Erupção do vulcão Anak Krakatau. Indonésia, 2018.

Modelo de vulcão

Material:

- 5 kg de argila;
- tabuleiro;
- frasco de vidro de 500 mL com boca larga;
- 3 colheres de sopa de fermento químico para bolo;
- corante alimentar vermelho;
- 200 mL de vinagre;
- 200 mL de água;
- 3 colheres de sopa de detergente;
- colher de sopa.

Material para o experimento.

Modo de fazer

1. Forre o tabuleiro com plástico para evitar sujar a sala de aula.
2. Modele um vulcão sobre o tabuleiro com a argila. Coloque-a em volta do frasco de vidro, de modo que a abertura do frasco represente a cratera do vulcão. Espere secar.
3. Depois de seco, coloque dentro do frasco de vidro a água, o corante, o detergente e o fermento químico para bolo (bicarbonato de sódio). Misture com a colher até que todo o líquido fique com uma cor homogênea.
4. Em seguida, coloque o vinagre dentro do frasco.

a) O que representa a substância que saiu pela abertura do modelo de vulcão que você fez?

_____

_____

b) No caderno, desenhe o que aconteceu após a adição do vinagre.

Proteja-se dos raios do Sol

A proporção entre as dimensões dos astros representados, a distância entre eles e as cores utilizadas não correspondem aos dados reais.

O ozônio é um dos gases que compõem a atmosfera. Esse gás está concentrado em uma região muito alta chamada **camada de ozônio**, que filtra os raios ultravioleta do tipo B (UVB) emitidos pelo Sol. Sem a camada de ozônio, os raios UVB seriam prejudiciais aos seres vivos.

Alguns elementos podem destruir a camada de ozônio. Os principais são os compostos de cloro, flúor e carbono (CFC). Durante muito tempo, eles foram utilizados na fabricação de refrigeradores, aparelhos de ar-

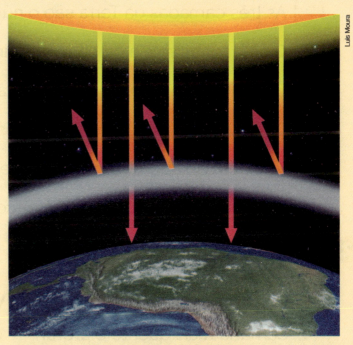

As setas indicam os raios UV sendo filtrados pela camada de ozônio ou passando através dela.

-condicionado, *sprays* e em algumas atividades industriais. Atualmente, sua aplicação é muito pequena, mas eles já causaram buracos na camada de ozônio.

A exposição controlada aos raios UV-B em seres humanos está associada à produção de vitamina D, que é importante para os ossos. Porém, o excesso de exposição a esses raios pode causar danos à visão, câncer de pele e envelhecimento precoce.

Para aproveitar somente os benefícios dos raios UV-B e evitar os malefícios, é importante usar protetor solar e evitar exposição direta ao Sol no período entre 10 e 16 horas.

1 Pesquise as respostas das questões a seguir. Depois, junte-se aos colegas e façam um cartaz para divulgar na escola as informações encontradas.

a) O que é o Fator de Proteção Solar (FPS) dos filtros solares?

b) Qual deve ser o FPS mínimo para ficarmos bem protegidos contra a radiação solar?

ATIVIDADES

1 Escreva **V** se a frase for verdadeira ou **F** se for falsa.

☐ As três camadas da Terra são o núcleo, o manto e a crosta terrestre.

☐ Crosta terrestre é a camada mais interna da Terra.

☐ O manto é pastoso; quando sobe à superfície é chamado de lava.

☐ O núcleo da Terra é rico em metais sólidos e líquidos.

☐ Vulcões são aberturas na crosta terrestre por onde sai o magma.

☐ O manto é a camada onde se encontram os seres vivos.

2 Resolva o diagrama de palavras.

Horizontais

2. Camada mais quente e profunda de nosso planeta.
4. Substância pastosa que compõe o manto.
5. Camada da Terra que fica entre o núcleo e a crosta.

Verticais

1. Camada sólida da Terra em que se encontram os seres vivos.
3. Nome dado à substância do manto quando chega à crosta.

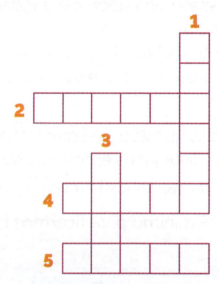

Terra: um planeta vivo

A biosfera é o conjunto de todos os locais onde há seres vivos no planeta Terra. Ela abrange três grandes camadas: parte da atmosfera (ar), parte da hidrosfera (água) e parte da crosta terrestre.

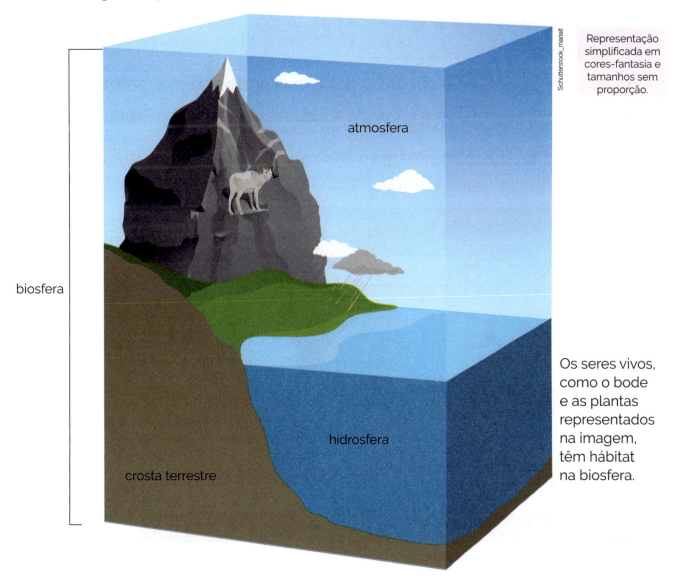

Representação simplificada em cores-fantasia e tamanhos sem proporção.

Os seres vivos, como o bode e as plantas representados na imagem, têm hábitat na biosfera.

A atmosfera é a camada de ar que envolve a Terra. Ela mantém a temperatura do planeta mais ou menos constante; além disso, fornece os gases de que os seres vivos necessitam.

A crosta terrestre é a camada sólida mais externa do planeta. Nela está o solo, que se estende desde o fundo dos oceanos até o topo das montanhas mais altas.

A hidrosfera é formada por toda a água do planeta: oceanos, mares, rios, lagos, geleiras e outros.

ATIVIDADES

1 Complete as sentenças a seguir para que fiquem corretas.

a) _____ é o nome da camada de ar de nosso planeta.

b) A camada que compreende os rios, lagos, mares, oceanos e geleiras é chamada de _____ .

c) A _____ é o conjunto dos locais onde estão os seres vivos.

d) A _____ é a camada sólida mais externa da Terra.

2 Preencha os espaços na imagem abaixo, identificando corretamente as esferas da Terra: ar, água e solo.

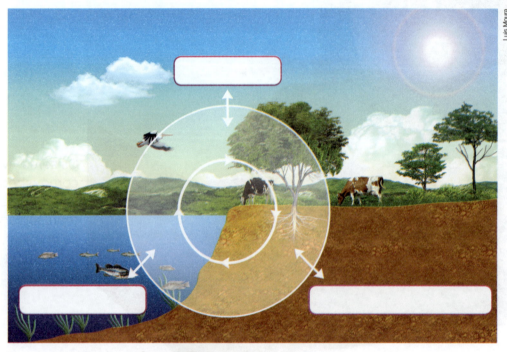

Representação simplificada em cores-fantasia e tamanhos sem proporção.

Representação das esferas da Terra.

3 Imagine um astronauta em missão em outro planeta. Ele enviou as seguintes informações para a base de comando: "O solo do planeta é pedregoso e há grande variação de temperatura entre o dia e a noite".

Sabendo dessas informações, responda: É mais provável que haja ou não atmosfera nesse planeta? Por quê?

_____

_____

BRINCANDO

1 A existência de vida fora da Terra é um tema que há muito tempo desperta a curiosidade das pessoas. Muitos livros, filmes e séries de TV exploram as mais variadas possibilidades. Será que não estamos sozinhos no Universo?

Agora é sua vez de criar uma história. Imagine que você fez uma viagem espacial e encontrou um ser extraterrestre. Como ele é? Desenhe-o no espaço a seguir e depois mostre seu trabalho aos colegas.

Matéria em toda parte

Tudo o que está ao seu redor pode ser chamado de matéria. Sua mesa e seu material escolar, seu uniforme, seu corpo e até mesmo o ar em volta de você.

O corpo da pessoa é matéria.

O ar que enche o balão é matéria.

O ar ao seu redor é... matéria!

Gregory Johnston /Shutterstock.com

Características da matéria

Podemos chamar de **matéria** tudo o que tem **volume** e **massa**. A matéria de um copo cheio de suco é o copo e o suco. Já a matéria de um copo que parece vazio é o copo e o ar dentro dele.

O ar é matéria? Podemos provar que o ar tem massa ao pesar um balão de festa vazio e depois enchê-lo, como mostra a imagem abaixo.

GLOSSÁRIO

Massa: quantidade de matéria de um corpo, geralmente medida em quilogramas.

Volume: medida do espaço ocupado por um corpo, geralmente medido em litros.

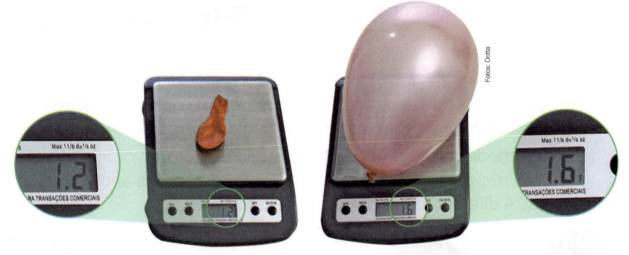

O balão cheio pesa mais porque está cheio de matéria.

O ar também ocupa lugar no espaço, como podemos observar ao pressionar uma seringa sem agulha com a saída tampada. Podemos concluir, portanto, que o ar é matéria.

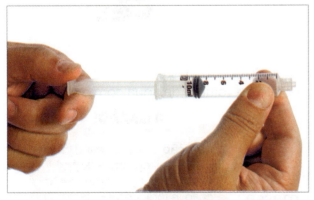

Ao puxar o êmbolo da seringa, o ar é levado para dentro dela.

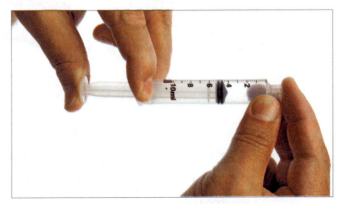

Ao tampar a saída do ar, não conseguimos empurrar o êmbolo, pois o ar ocupa o espaço dentro da seringa.

Medida da massa (peso) e do volume de um material

Material:

- balança (com medida em gramas);
- copo transparente graduado;
- água;
- três objetos, como borracha, caneta e um brinquedo pequeno.

Modo de fazer

1. Coloque cada objeto na balança para medir a massa dele. Anote.
2. Para medir a massa da água, pese primeiro o copo vazio, depois com água. A diferença entre os valores medidos será o valor da massa.
3. Para medir o volume dos objetos, leia e anote o volume inicial da água, depois coloque um objeto dentro do copo e anote o volume final. A diferença será o volume desse objeto.

Meça a massa (quantidade de matéria do objeto).

Para obter o volume do objeto, basta subtrair o volume da água sem o objeto do volume da água com o objeto.

Ilustrações: Marcel Borges

Agora faça o que se pede.

- Monte um quadro no caderno para registrar as medidas: massa, volume inicial e volume final da água e volume e massa dos objetos.

ATENÇÃO!

Atenção: a massa é indicada em quilogramas (kg) e gramas (g). O volume, neste caso, é indicado em litros (L) e mililitros (mL).

Os estados físicos da matéria

A matéria tem diferentes estados físicos na natureza. Ela pode estar em estado **sólido**, **líquido** ou **gasoso**.

Esta rocha está em **estado sólido**.

O mel está em **estado líquido**.

Estes balões foram enchidos com gás, que é um material em **estado gasoso**.

Estados físicos da água

A água é uma substância que se encontra na natureza nos três estados físicos da matéria.

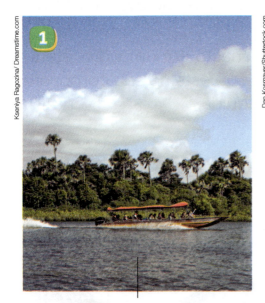

água em estado líquido

água em estado sólido

No ar existe água em forma de vapor; ela está em estado gasoso.

Paisagens com água nos três estados físicos.
1. A água dos rios, dos oceanos e da chuva está em estado líquido. **2.** As geleiras, a neve e os cubos de gelo em sua geladeira são exemplos de água em estado sólido. **3.** No ar atmosférico, há vários gases misturados; entre eles o vapor de água, que é a água em estado gasoso, e é invisível.

Mudanças nos estados físicos da água

A água está em constante transformação no ambiente. Ela passa pelos três estados físicos de acordo com as condições do ambiente.

O gelo pode derreter e se tornar água líquida. A água líquida pode evaporar, e então passar para o estado gasoso. O vapor também pode se resfriar, voltando ao estado líquido. Assim como a temperatura pode baixar e a água líquida se tornar gelo, isto é, passar para o estado sólido.

Esquema dos estados físicos da água.

água congelada, em estado sólido

água em estado líquido

água em estado gasoso (invisível)

No dia a dia você nota essas mudanças. Veja alguns exemplos.

- **Líquido para sólido**: quando se coloca água no congelador.
- **Sólido para líquido**: quando o gelo fica por um tempo em temperatura ambiente.
- **Líquido para gasoso**: a água da roupa recém-lavada que evapora no varal; a água da chuva que seca na rua.
- **Gasoso para líquido**: quando você solta seu hálito em um vidro, ele libera (na forma de vapor) um pouco da água que está no seu corpo; em contato com o vidro frio, a água volta a ficar líquida.

Tem forma ou não tem forma?

Outra característica da matéria e seus estados físicos é quanto à capacidade ou não de mudar de forma e ocupar espaço.

Os líquidos adquirem a forma do recipiente que os contém.

Os sólidos têm forma definida, dentro ou fora de um recipiente.

Os gases não têm forma definida. Eles tomam a forma do recipiente em que se encontram.

44

ATIVIDADES

1 Observe as situações a seguir e responda no caderno ao que se pede.

Situação 1: dois balões foram cheios com ar e presos por fios nas pontas de uma vareta. Como tinham a mesma massa, a vareta não pendeu para nenhum lado.

Situação 2: um balão foi esvaziado e a vareta pendeu para um dos lados.

Fotos: Dotta

a) O que a **situação 1** demonstra em relação à afirmação de que toda matéria tem volume (ocupa espaço)?

b) O que a **situação 2** demonstra em relação à afirmação de que toda matéria tem massa (peso)?

2 Gráficos são figuras acompanhadas de números e são utilizados para mostrar dados. O gráfico a seguir mostra a massa de quatro primos.

a) De acordo com os dados do gráfico, complete o quadro.

Massa das crianças	
Nome	Massa de cada um
Caio	
Tainá	
Pedro	
Sandra	

Massa do corpo das crianças

Dados hipotéticos.

Tarcísio Garbellini

b) O que representa a quantidade de massa do corpo das crianças?

◯ Matéria.   ◯ Volume.

3 Analise o esquema e faça o que se pede.

a) Complete o esquema escrevendo qual imagem representa os estados: **gasoso**, **sólido** e **líquido**.

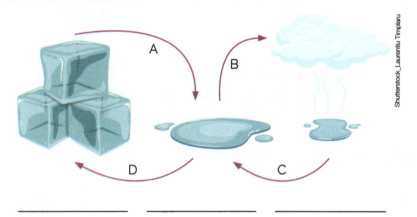

_____   _____   _____

b) O que ocorreu em cada situação?

■ Situação A: _____.

■ Situação B: _____.

■ Situação C: _____.

■ Situação D: _____.

4 Observe o estado físico em que se encontram os materiais abaixo. Depois marque **S** para sólido, **L** para líquido e **G** para gasoso.

a) ☐ Picolés.

c) ☐ Gelatina.

e) ☐ Água que evapora da roupa no varal.

b) ☐ Leite.

d) ☐ Ar dentro da caneca.

f) ☐ Mel.

Transformações da matéria

Os materiais podem sofrer modificações e ter suas propriedades alteradas. Quando isso ocorre, dizemos que houve uma transformação. Esse é o caso das mudanças dos estados físicos da água.

1. Temperatura baixa: o gelo não derrete.

2. A temperatura começa a subir: o gelo começa a derreter.

3. A matéria começa a se transformar.

Festival anual de Escultura na Neve, em Sapporo, Japão, em 2018. Enquanto as temperaturas estão baixas, o gelo se mantém firme; mas quando a temperatura aumenta, ele começa a derreter. Nesse caso, a matéria se transforma do estado sólido para o líquido.

Em todos os casos de transformação algum agente levou à mudança. Esse agente pode ser o aumento ou a diminuição da temperatura, a aplicação de uma força (quebrar algo), a mistura de materiais etc.

Veja mais um caso de transformação: a ferrugem.

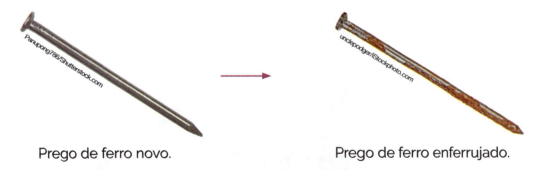

Prego de ferro novo.

Prego de ferro enferrujado.

Você já observou essa situação antes? Que fatores você acha que agiram para que essa transformação ocorresse?

Exemplos de transformações da matéria

Observe a seguir outros exemplos de transformações da matéria. Comente suas experiências com cada exemplo.

O suco que estava em estado líquido mudou para o estado sólido depois que passou por congelamento.

Sorvete de suco de fruta.

O fogo é um agente muito comum de transformação da matéria.

Queima de papel.

O milho, ao sofrer ação do calor, se transforma em pipoca.

Pipoca.

A ação de uma força, como a pancada do martelo, levou à transformação desse material, que passou de um bloco de rocha inteiro a diversos pedaços.

Quebra de rocha.

Transformações físicas

As transformações físicas ocorrem em situações em que apenas a forma da matéria se modifica, mas sua composição continua a mesma. As mudanças de estado da matéria (sólido, líquido, gasoso) e uma rocha sendo quebrada são exemplos de transformações físicas.

> Os indícios de que ocorreu transformação física são: **mudança na forma**, no **tamanho** e no **estado físico**.

Veja mais alguns exemplos de transformações físicas.

O papel foi amassado e mudou de forma. Mas o material continua sendo o mesmo, papel.

Papel amassado.

O gelo, fora do congelador, passa do estado sólido para o líquido. Contudo, a matéria água continua a mesma nos dois estados físicos.

Gelo derretendo.

O cobre é um metal que pode ser derretido em altas temperaturas. Ele passa para o estado líquido e assim pode ser moldado em diversas formas para a fabricação de objetos.

1. O cobre é um metal que pode ser moldado de várias formas.

2. Quando é aquecido a uma temperatura de aproximadamente 1000 graus Celsius, ele passa para o estado líquido.

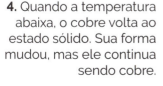

4. Quando a temperatura abaixa, o cobre volta ao estado sólido. Sua forma mudou, mas ele continua sendo cobre.

3. Assim, ele pode ser colocado em moldes dos mais diversos formatos, para a fabricação de objetos.

BRINCANDO

Fazendo sorvete caseiro

Que tal fazer um sorvete caseiro, conhecido em diferentes regiões do país como geladinho, gelinho ou sacolé?

Material:

Marcel Borges

- uma jarra de suco natural de uma ou mais frutas;
- saquinhos de plástico próprios para "geladinho";
- uma assadeira ou bandeja para montar os sorvetes em cima dela;
- congelador para colocar os sorvetes.

Modo de fazer

1. Distribua o suco nos saquinhos. Encha cada saquinho até aproximadamente dois terços dele, para não derramar.
2. Ao despejar o suco nos saquinhos, trabalhe em cima da assadeira para evitar que derrame e faça sujeira no local de trabalho.
3. Dê um nó para fechar o saquinho.
4. Leve os "geladinhos" ao congelador. O tempo para ficarem prontos depende do congelador.

Agora é só esperar e saborear essa delícia saudável e refrescante!
Depois de provar o sorvete, responda às perguntas a seguir.

1 Em que estado físico estava o suco de fruta?

2 Para qual estado físico o suco passou depois que virou sorvete?

3 Que fator fez o suco mudar de estado físico?

4 Se você deixar o sorvete em temperatura ambiente por algumas horas, quando voltar o encontrará em qual estado físico? Por quê?

1 Analise as situações de transformação física. Aponte se houve mudança na forma, no tamanho ou no estado físico.

a)

Transformação do abacaxi.

b)

Transformação do mármore.

c)

Transformação do vidro.

d)

Transformação da água.

2 Relacione, por meio dos números, as transformações da matéria com as condições que podem gerar essas transformações.

1. aquecimento   **2.** resfriamento   **3.** umidade alta

☐ Produção de gelo.

☐ Derretimento do ouro.

☐ Formação de ferrugem de uma panela de ferro.

☐ Produção de uma panela a partir de alumínio derretido.

☐ Preparação de pipoca.

☐ Cozimento de um ovo.

☐ Fabricação de sorvete.

☐ Derretimento da manteiga para preparar uma receita.

☐ Secagem da roupa no varal.

3 Analise as transformações a seguir. Imagine como o material era antes da mudança e responda:

■ Qual condição fez a matéria se transformar (exemplo: calor, combustão, microrganismos, luz etc.)?

■ Qual é a evidência de que ocorreu uma transformação?

mayu85/Shutterstock.com

Ferramentas enferrujadas.

_____

_____

_____

_____

Valery Bocman/Shutterstock.com

Madeira queimada.

_____

_____

_____

_____

4 Leia a seguir uma versão da antiga lenda grega do rei Midas. Ela conta a história de um monarca muito poderoso que queria cada vez mais e mais riquezas.

O rei Midas e o toque de ouro

Era uma vez um rei muito rico chamado Midas que vivia na Grécia Antiga. Ele tinha mais ouro do que qualquer pessoa sobre a Terra, porém queria sempre mais.

Esse rei tinha uma filha chamada Áurea, que adorava cuidar do jardim. O rei amava muito sua filha, da mesma forma que amava seu ouro. Um dia Midas estava recontando o ouro, como fazia todos os dias, e apareceu um homem misterioso. Era um gênio que concedeu um desejo a Midas. Claro que ele desejou ter ainda mais ouro do que já tinha. Então o homem disse que, no dia seguinte, o rei teria o toque de ouro.

Assim que acordou, Midas comprovou que o homem havia dito a verdade. Tudo o que ele tocava virava ouro: os tecidos, os móveis etc. Ele desceu até o jardim e transformou todas as flores em ouro puro. Ficou contentíssimo. Mas ele teve fome, e assim que tocou uma fruta, ela virou ouro maciço. Teve sede e, ao tocar o copo, a água transformou-se no mais radiante ouro. Em seguida, sua filha, Áurea, chegou chorando e disse que todas as suas rosas tinham se transformado em ouro! Estavam, portanto, mortas. Inconsolável, ela lançou-se aos braços do pai e, imediatamente, transformou-se em uma estátua de ouro.

Desesperado, o rei começou a soluçar em lágrimas, cheio de remorso por ter sido tão ganancioso. Nesse momento, o homem misterioso reapareceu e disse que se o rei estivesse realmente arrependido e quisesse desfazer o encanto, teria de mergulhar no rio Pactolo e trazer água dele para jogar em tudo o que havia se transformado em ouro. Assim ele fez. O feitiço se desfez e tudo o que havia virado ouro voltou ao normal, inclusive a menina Áurea.

Adaptação autoral de lenda grega.

a) O encanto de tornar as coisas em ouro pode ser classificado como transformação da matéria?

b) Para você, qual é a moral da lenda do rei Midas?

Transformações reversíveis e irreversíveis

Observe a imagem que mostra duas situações de transformação da matéria.

Situação 1

Etapas da decomposição de uma fruta.

Situação 2

barra de chocolate

chocolate derretido

bombons de chocolate

Etapas da produção de bombons de chocolate.

Os dois materiais se transformaram. A fruta apodreceu e o chocolate foi derretido. No entanto, somente em um dos casos, no final do processo, o material voltou ao que era. A fruta nunca poderá ser fresca novamente. O chocolate, depois de se tornar líquido pode voltar a ser sólido. Em situações como a da fruta, ocorre uma **transformação irreversível**, e nas situações como a do chocolate, ocorre uma **transformação reversível**.

Nas transformações irreversíveis a matéria não volta nunca a ser como antes. No caso da fruta e de tantos outros alimentos, microrganismos (fungos e bactérias) agem sobre a matéria e ela não pode voltar a ser o que era. Isso também ocorre quando se quebra um vidro, ou algo é queimado, ou quando a ferrugem corrói o ferro, entre outros.

Nas transformações reversíveis a matéria pode voltar a ser como era. Exemplos dessa situação são as mudanças de estado físico, como as da água; ou o trabalho com massa de modelar e com argila.

1 Observe as imagens a seguir. Indique em cada caso se a transformação retratada é reversível ou irreversível e explique por quê.

a)

Água se transforma em vapor.

_____

_____

d)

Palito de fósforo aceso.

_____

_____

b)

Modelagem de massinha.

_____

_____

e)

Borracha sendo expandida.

_____

_____

c)

Ovo quebrado.

_____

_____

f)

Apodrecimento do tomate.

_____

_____

Misturas

Os materiais podem ser feitos de apenas uma substância ou de mais de uma substância.

Aqui tem apenas uma substância

O óleo de cozinha, o grafite de seu lápis, os metais como cobre e ouro são exemplos de materiais formados de uma única substância.

O grafite do lápis ou das lapiseiras é formado de uma única substância, o grafite.

Uma única substância está presente no ouro puro.

Aqui tem mais de uma substância

No entanto, a maioria dos materiais de nosso dia a dia são compostos de mais de uma substância. Esses materiais recebem o nome de **mistura**.

Algumas misturas são facilmente observadas e podemos perceber a existência de mais de um componente assim que as vemos.

Veja os exemplos de misturas a seguir.

Prato de arroz com feijão.

Caixa com brinquedos diversos.

Outras misturas

Não é tão fácil observar que certos materiais são compostos de mais de uma substância – ou seja, que são uma mistura. O plástico, o vidro, o cimento, as tintas, vários tipos de rochas e os metais bronze e aço são exemplos de produtos resultantes de misturas.

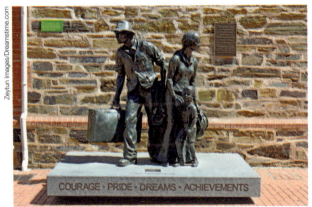

O bronze é uma mistura de cobre com outros metais.

O granito é uma rocha formada por diferentes tipos de minerais, por isso é uma mistura.

As misturas e a água

A água faz parte de inúmeras misturas ao nosso redor. Isso ocorre porque ela tem a propriedade de dissolver diversas substâncias da natureza e, assim, formar misturas.

Por esta propriedade, a água é chamada de **solvente universal**. Solvente é uma substância que pode dissolver outra.

A água pura

Existe um tipo de água que é formada de apenas uma substância, é a água pura, representada pela fórmula H_2O.

No entanto, essa água pura é encontrada apenas em laboratórios. A água que usamos no dia a dia e a água do mar são misturas porque, além da substância água pura (H_2O), têm sais minerais dissolvidos (que são outras substâncias).

O açúcar se dissolve na água e só percebemos sua presença ao provarmos a mistura.

O ar é uma mistura

Representação esquemática em cores-fantasia e tamanhos sem escala.

atmosfera

A atmosfera é a camada de ar que envolve a Terra.

Em volta de todo o planeta está a atmosfera, camada formada por diversos tipos de gases, como o **oxigênio**, o **gás carbônico**, o **nitrogênio** e o **vapor de água**. Não conseguimos perceber bem a atmosfera, mas ela é fundamental para a vida na Terra.

O gás oxigênio é utilizado na respiração, que é necessária para a vida. Sem o oxigênio do ar, uma pessoa morreria em poucos minutos.

O gás carbônico é usado pelas plantas na fotossíntese, processo em que elas produzem o próprio alimento.

O gás nitrogênio é encontrado em maior quantidade no ar. Ele participa de processos essenciais à manutenção da vida no planeta.

O ar que respiramos também é uma mistura formada por várias substâncias, como os gases oxigênio, nitrogênio, gás carbônico, o vapor de água, entre outros. Esses componentes não são percebidos porque são invisíveis.

gás hidrogênio

gás oxigênio

vapor de água

gás nitrogênio

gás carbônico

Misturando e transformando a matéria

Material:

- 1 balão de festa;
- 1 garrafa plástica de 500 mL;
- colher de sobremesa;
- funil;
- 250 mL de vinagre;
- 1 colher de sobremesa de bicarbonato de sódio em pó.

Modo de fazer

Fotos: Douglas Cometti/Folhapress

Etapas do experimento.

1. Com o funil, coloque o vinagre na garrafa até aproximadamente a metade dela.

2. Lave o funil com água corrente, seque-o e utilize-o para colocar o bicarbonato de sódio dentro do balão.

3. Com cuidado para não derrubar o pó, encaixe o balão de festa na boca da garrafa. Certifique-se de que o encaixe ficou justo para não escapar ar.

4. Despeje o bicarbonato do interior do balão dentro da garrafa com vinagre e observe o que acontece.

Agora, responda:

a) O que aconteceu com o balão?

b) O que você acha que ocorreu para isso ter acontecido?

c) Você consegue lembrar-se de alguma situação do dia a dia em que ocorra algo parecido? Qual?

1 Marque um **X** em todos os materiais que são misturas.

☐ Grafite para lapiseira.

☐ Copo de vidro.

☐ Fio de cobre.

☐ Boneco de plástico.

2 O rótulo de um produto traz informações a respeito dos componentes que fazem parte dele. Observe o rótulo de água vendida para o consumo humano.

▪ Analise a imagem e responda: Você diria que a água utilizada para beber é composta de substância única ou é uma mistura?

_____

_____

COMPOSIÇÃO QUÍMICA (mg/L)					
Estrôncio	0,083	Sódio	6,934	Nitrato	0,04
Cálcio	25,370	Sulfato	5,37	Cloreto	0,81
Magnésio	5,295	Bicarbonato	118,20	Brometo	0,03
Potássio	2,593	Fluoreto	0,16	NÃO CONTÉM GLÚTEN	

CARACTERÍSTICAS FÍSICO-QUÍMICAS
pH a 25°C = 6,95; Temperatura da água na fonte = 24,2°C;
Condutividade elétrica a 25°C = 210 µS/cm;
Resíduo de evaporação a 180°C calculado = 144,36 mg/L

VALIDADE 06 MESES
Data de envasamento e lote impressos na garrafa. Armazenar em lugar seco e longe da luz solar. Evitar contato com produtos químicos e voláteis.

Rótulo de uma garrafa de água mineral natural.

3 Observe as situações a seguir em que um pouco de açúcar é colocado em um copo de água.

1 O açúcar foi colocado na água. Depois, mexeu-se bem a mistura.

2 Resultado depois de mexer bem os componentes.

a) Ter misturado o açúcar na água resultou em uma:

☐ substância única.

☐ mistura.

b) O nome que a água recebe por ter a propriedade de dissolver muitas substâncias é:

☐ solvente universal.

☐ dissolvente.

Separando misturas

Há vários modos de separar misturas em nosso dia a dia. Veja alguns exemplos.

Catação

Para separar ou retirar materiais sólidos que não se misturam totalmente é utilizado o método da catação. Um exemplo é a retirada das impurezas que podem vir no meio de feijões utilizando as mãos. A catação também é utilizada para limpar o arroz, o milho e outros grãos.

Junior Rozzo/Rozzo Imagens

A separação do feijão é um exemplo de catação.

João Prudente/Pulsar Imagens

Filtração

Técnica usada para separar materiais sólidos de líquidos quando estão misturados.

Café filtrado em coador de pano. Este é um exemplo de filtração.

água

areia

Dotta2

Decantação

A decantação consiste na separação entre sólidos e líquidos. Ela ocorre nos casos em que a água não é capaz de dissolver o material sólido: a parte sólida se acumula no fundo do recipiente e a parte líquida fica acima.

Exemplo de decantação. Como a areia é um material sólido que não é dissolvido pela água, ela acaba se depositando no fundo do recipiente.

Peneiração

Este método é usado com o auxílio de uma peneira. Ela serve para separar materiais de tamanhos diferentes, pois os menores passam pela malha da peneira, mas os maiores ficam retidos.

Farinha peneirada para livrar-se de impurezas ou de partes maiores que possam ter se formado no pacote.

Evaporação

A evaporação é utilizada para separar misturas de líquido e sólido. Nela, o líquido evapora e o sólido que estava misturado permanece no mesmo lugar. Essa técnica é muito utilizada na obtenção de sal marinho.

O sal da água do mar é separado nas salinas. Quando a água evapora, o sal é agrupado em montes.

Destilação

Na evaporação, a água é perdida para o ambiente; para evitar que isso ocorra é utilizada a condensação. Nela, a mistura é aquecida em um equipamento chamado destilador. Como as substâncias entram em ebulição (ponto de fervura) em temperaturas diferentes, a substância que entra em ebulição primeiro vira vapor, passa para outro recipiente e assim é separada. Com essa técnica se obtém a água pura (H_2O), além disso, pode ser utilizada para outras misturas de líquidos.

Representação esquemática em cores-fantasia e tamanhos sem escala.

Mistura de líquidos (aqui são fervidos).

A substância que evaporou primeiro passa pelo condensador com água fria e volta ao estado líquido.

Água fria sai do condensador.

líquido destilado

Esquema simplificado de um destilador.

Água fria entra no condensador.

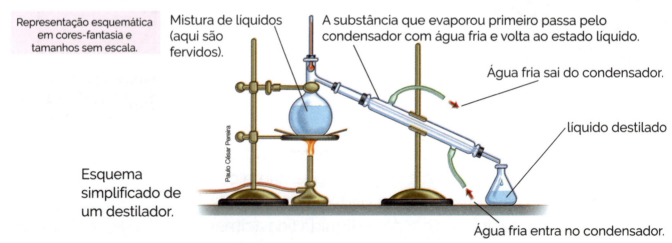

O tratamento da água que bebemos

Antes de ser disponibilizada para consumo, a água que chega à casa das pessoas precisa passar por processos de purificação em uma estação de tratamento de água (ETA). Várias etapas do tratamento da água consistem em formas de separação de misturas que incluem peneiração, filtração e decantação, por exemplo.

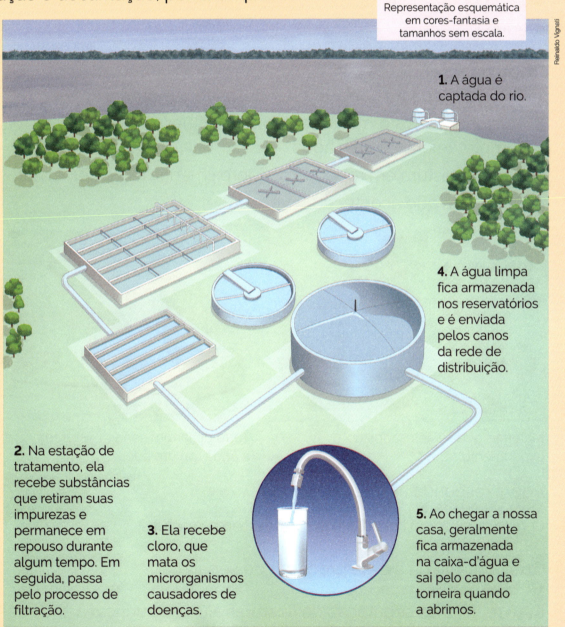

Representação esquemática em cores-fantasia e tamanhos sem escala.

Reinaldo Vignati

1. A água é captada do rio.

4. A água limpa fica armazenada nos reservatórios e é enviada pelos canos da rede de distribuição.

2. Na estação de tratamento, ela recebe substâncias que retiram suas impurezas e permanece em repouso durante algum tempo. Em seguida, passa pelo processo de filtração.

3. Ela recebe cloro, que mata os microrganismos causadores de doenças.

5. Ao chegar a nossa casa, geralmente fica armazenada na caixa-d'água e sai pelo cano da torneira quando a abrimos.

Estação de tratamento e distribuição de água.

Separa ou não separa?

Vamos verificar o que ocorre se deixarmos uma mistura de terra de jardim e água em repouso?

Material:
- 1 copo de plástico transparente;
- 1 colher de sobremesa de terra de jardim;
- água.

Modo de fazer
1. Coloque água no copo, enchendo-o até a metade.
2. Adicione a terra e mexa bem com a colher, até que ela se misture completamente com a água.
3. Deixe a mistura em repouso por aproximadamente dez minutos.
4. Observe o que aconteceu.

Materiais que serão usados no experimento.

Terra de jardim sendo misturada à água em um copo.

Fotos: Fernando Favoretto

Agora responda às questões.

1. O que aconteceu com a mistura de terra e água?

2. Que nome se dá a esse processo de separação?

3. Essa técnica de separação de misturas ajuda a purificar a água nas estações de tratamento para torná-la apropriada para o consumo. Qual é a finalidade da técnica nesse processo?

1 As imagens a seguir mostram elementos resultantes de misturas. Indique em cada foto qual mistura pode ser separada ou não pode ser separada.

a)

Bolo feito com farinha, ovos, margarina, fermento etc.

_____

b)

Pedregulhos misturados com areia.

_____

c)

Mistura de balas de sabores diferentes.

_____

2 Na atividade anterior, você encontrou algumas misturas que podem ser separadas? Em caso positivo, que métodos podem ser usados para fazer a separação?

_____

3 Explique como é possível promover a separação de uma mistura entre água e pequena quantidade de sal. Escolha entre as opções estudadas anteriormente.

_____

_____

4 Observe o esquema abaixo, que mostra uma estação de tratamento de água. Depois escreva em seu caderno o que ocorre em cada uma das etapas indicadas pelos números de 1 a 6.

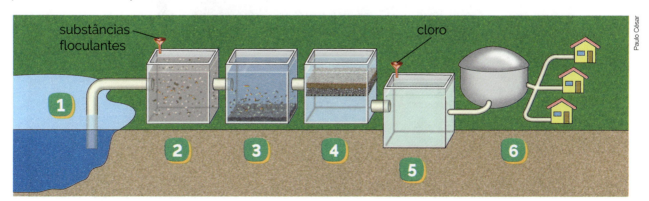

Relações na natureza

Os componentes da natureza, como seres vivos, solo, rochas, ar, luz e o calor do Sol, estão continuamente se relacionando. Essas relações podem envolver alimentos, energia, abrigo e proteção.

As situações mais comuns de interação ocorrem quando um ser vivo é fonte de alimento para o outro. Veja a imagem a seguir.

De que modo esses elementos da natureza estão interagindo? Como um auxilia o outro em sua sobrevivência?

Luís Moura

Em busca da sobrevivência

Os seres vivos se relacionam entre si e com os elementos não vivos do ambiente, como o solo, a água, a temperatura, o ar e a luz.

Essas relações são de extrema importância para a sobrevivência dos seres vivos. As plantas precisam da luz solar para produzir seu alimento; o gás oxigênio é necessário para a respiração das plantas e dos demais seres vivos. Além disso, os animais consomem uma variedade de vegetais e de outros seres vivos.

Veja a seguir exemplos de como os seres vivos se relacionam entre si e com os componentes do ambiente.

Assim que nascemos, começamos a respirar o gás oxigênio do ambiente externo. Sem esse gás, não seria possível sobreviver.

A água é fundamental para a manutenção dos organismos.

As plantas servem de alimento e também promovem proteção e abrigo. Esta ave encontrou abrigo em uma árvore.

À beira-mar há seres vivos que vivem fixos em rochas. Eles consomem nutrientes do mar, que chega até eles quando a maré sobe.

As abelhas recolhem néctar e pólen das flores.

Alguns animais vivem em sociedade. É o caso das formigas, que vivem em colônias.

A alimentação e a manutenção da vida

A busca por alimento é uma das mais importantes formas de interação dos seres vivos com o ambiente. A principal fonte de energia para os seres vivos da Terra é o Sol. Todos dependem direta ou indiretamente da luz solar. As plantas, por exemplo, precisam dessa luz para produzir o próprio alimento.

A energia é necessária para que os seres vivos possam se movimentar, crescer, se desenvolver e reproduzir. É dos alimentos que os seres vivos retiram energia.

A luz do Sol é fundamental para as plantas produzirem seu próprio alimento e se desenvolverem.

Os seres vivos obtêm energia dos alimentos

Os seres vivos podem ser classificados de acordo com a maneira que obtêm alimento. Desse modo, podem ser divididos em:

- produtores;
- consumidores;
- decompositores.

Produtores

São seres capazes de produzir o próprio alimento. É o caso das plantas e das algas. Elas não obtêm energia se alimentando de outros seres vivos; são

capazes produzir o próprio alimento por meio da fotossíntese. Nesse processo, as plantas utilizam a energia do Sol, o gás carbônico do ar e a água absorvida pelas raízes para gerar nutrientes.

Os produtores recebem esse nome porque produzem seu próprio alimento, e são a base da alimentação de inúmeros seres vivos.

Toda a cobertura verde do planeta é mantida por componentes não vivos do ambiente, como o Sol, o gás carbônico, o gás oxigênio e a água.

Consumidores

Os seres que não produzem o próprio alimento e consomem outros seres vivos para obter energia são chamados de consumidores. Eles podem ser herbívoros, que comem apenas plantas; carnívoros, que comem apenas outros animais; ou onívoros, que se alimentam de plantas e de animais.

Muitos animais são consumidores herbívoros, desde grandes, como a girafa, até pequenos, como o gafanhoto.

Felinos, como os leões, e outros animais, como tubarões e águias, são consumidores carnívoros.

Decompositores

Os decompositores são seres vivos microscópicos, isto é, visíveis apenas com o auxílio do microscópio. Eles se alimentam de matéria orgânica e a transformam em substâncias que serão liberadas para o ambiente depois do processo de decomposição. No grupo dos decompositores estão os microrganismos, como bactérias e fungos.

Morango embolorado, em processo de decomposição. A matéria orgânica que faz parte do corpo volta para o ambiente.

69

Cadeia alimentar

A relação alimentar entre os seres vivos é chamada de **cadeia alimentar**. Ela pode ocorrer em todos os ambientes. Em uma cadeia alimentar, a energia contida no alimento passa de um ser vivo para outro. Nessa relação de alimentação, sempre há um produtor, um ou mais consumidores e os decompositores.

Nós, seres humanos, nos alimentamos de outros seres vivos e, dessa forma, também fazemos parte de cadeias alimentares como consumidores onívoros.

Para representar uma cadeia alimentar, utilizamos setas, que partem do alimento e apontam para o consumidor.

Veja a seguir um exemplo de cadeia alimentar em um ambiente terrestre.

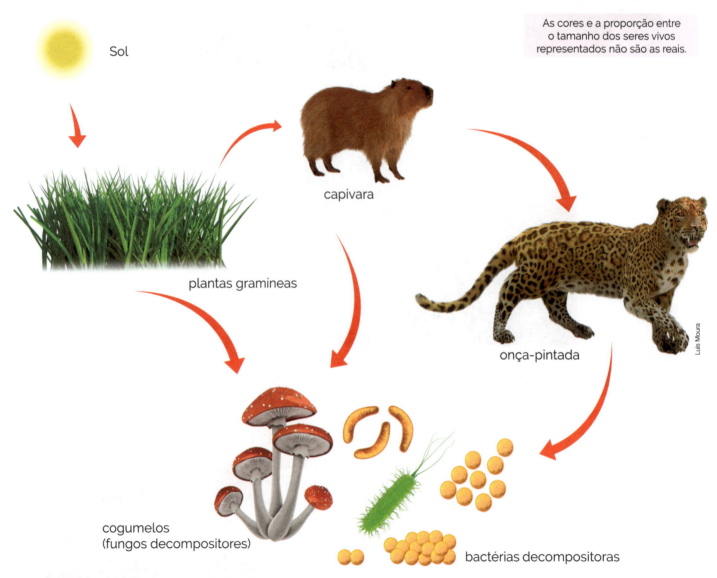

Sol

As cores e a proporção entre o tamanho dos seres vivos representados não são as reais.

capivara

plantas gramíneas

onça-pintada

cogumelos (fungos decompositores)

bactérias decompositoras

Luis Moura

A planta produz o próprio alimento por um processo chamado fotossíntese, realizado na presença da luz solar. Por sua vez, ela serve de alimento para a capivara, que é consumida pela onça. Quando morrem, todos esses seres são decompostos por bactérias e fungos.

ATIVIDADES

1 Aponte que tipo de interação entre os seres vivos está sendo mostrada nas imagens. Utilize as frases destacadas a seguir.

| Eles vivem em sociedade. | Eles encontram abrigo. | Eles têm oferta de alimento. |

a)

Juniors Bildarchiv / Glow Images

_____

Alguns jacarés permitem que aves se alimentem dos restos que ficaram grudados em seus dentes.

b)

7th Son Studio /Shutterstock.com

_____

Cupins se dividem em tarefas, como cuidar das crias, defender a colônia e procurar alimento.

c)

Aaronejbull87/Shutterstock.com

_____

Os peixes-palhaço buscam abrigo entre os tentáculos de outro animal marinho, a anêmona.

2 Relacione corretamente a coluna da esquerda com a coluna da direita.

1. fotossíntese

2. consumidores

3. decompositores

4. produtores

☐ Decompõem restos de seres mortos.

☐ Produzem o próprio alimento.

☐ Alimentam-se de outros seres vivos.

☐ Modo como a planta obtém alimento.

3 Resolva o diagrama de palavras usando as dicas abaixo.

1. Relação alimentar entre seres vivos na natureza.
2. Principal fonte de energia da Terra.
3. É retirada dos alimentos para que os seres vivos possam se desenvolver.
4. Alimenta-se de outros seres vivos, por ser incapaz de fabricar o próprio alimento.
5. Alimenta-se apenas de plantas.
6. Alimenta-se de animais e de plantas.
7. Organismo que decompõe outros organismos mortos e se alimenta de sua matéria orgânica.
8. Alimenta-se apenas de outros animais.

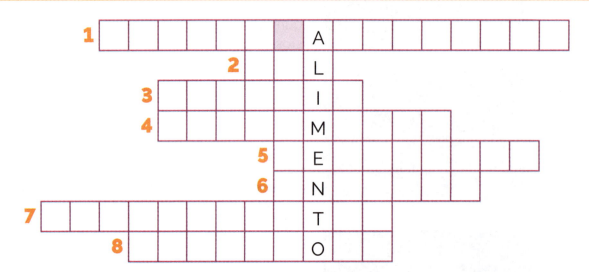

4 Observe a cadeia alimentar a seguir e classifique cada organismo em produtor, consumidor ou decompositor.

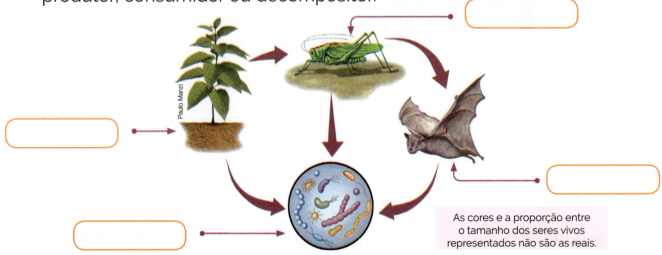

As cores e a proporção entre o tamanho dos seres vivos representados não são as reais.

Paulo Manzi

Onça-pintada

Pelo fato de estar no topo da cadeia alimentar e necessitar de grandes áreas preservadas para sobreviver, esse animal ao mesmo tempo temido e admirado que habita o imaginário das pessoas é um indicador de qualidade ambiental. A ocorrência desses felinos em uma região indica que ela ainda oferece boas condições que [permitem] a sua sobrevivência.

Onça-pintada no Amapá.

As crescentes alterações ambientais provocadas pelo homem, assim como o desmatamento e a caça às presas silvestres e às próprias onças, são as principais causas da diminuição da população de onças no Brasil. [...]

Presas

Suas presas naturais consistem [em] animais silvestres como catetos, capivaras, queixadas, veados e tatus. No entanto, quando o número destes animais diminui, geralmente por alterações ambientais provocadas pelo homem, as onças podem vir a se alimentar de animais domésticos e por esse motivo são perseguidas. [...]

Onça-pintada. *In:* WWF-BRASIL. Brasília, DF, [20--]. Disponível em: https://www.wwf.org.br/natureza_brasileira/especiais/biodiversidade/especie_do_mes/janeiro_onca_pintada.cfm. Acesso em: 6 abr. 2020.

1 De acordo com o texto, a onça-pintada tem uma característica diferenciada dentro da cadeia alimentar. Que característica é essa?

_____

2 Que fatores estão levando à diminuição da quantidade de onças-pintadas no ambiente?

_____

3 Discuta a razão de o texto afirmar que a presença de onças em uma região é um indicador de qualidade ambiental.

1 A charada dos bichos! Fique atento e relacione cada animal ou grupo de animais da paisagem à sua descrição.

1. quati
4. araras
2. serpente
5. jaburus
6. veados
7. capivaras
8. jacarés
3. onça-pintada
9. ariranha

Paulo César

Representação de paisagem do Pantanal mato--grossense, no Brasil.

a) Esses animais pastam boa parte do dia. ⬜

b) Esses animais formam casais e fazem o ninho na copa de uma árvore. ⬜

c) Esses animais podem viver em bando e voar juntos em busca de alimento. ⬜

d) Esse animal tem a capacidade de buscar alimento em locais afastados do solo. ⬜

e) Esses são predadores vorazes, podendo se alimentar de peixes e capivaras. ⬜

f) Esse animal se alimenta também do fruto de árvores. ⬜

g) Esse animal está no topo da cadeia alimentar e todos os outros podem ser seu alimento. ⬜

h) Esses animais gostam de se alimentar de gramíneas e tomar sol na beira dos lagos. ⬜

i) Esse animal é um mamífero aquático que gosta de se alimentar principalmente de peixes. ⬜

Os microrganismos

As **bactérias** e os **fungos** são representantes de seres vivos que não conseguimos observar a olho nu: os **microrganismos**.

Os protozoários e os vírus também são microrganismos.

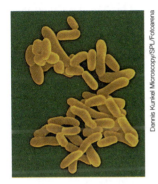  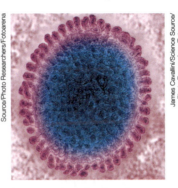 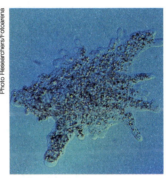

Imagem colorizada da bactéria da tuberculose. Ampliação de 4 450 vezes.

Imagem de fungo encontrado no mofo ou bolor. Ampliação de 230 vezes.

Imagem colorizada do vírus da gripe. Ampliação de 400 000 vezes.

Imagem de protozoário que vive na água. Ampliação de 115 vezes.

Os microrganismos estão em toda parte: no ar, nos objetos, na água, nos alimentos etc. Muitas vezes, a interação com esses seres causa doenças nos humanos, nos outros animais e nas plantas. Há situações em que as interações com os microrganismos podem ser positivas como a produção de alimentos e remédios.

 SAIBA MAIS

Ver para crer

Durante muito tempo a humanidade ficou intrigada com fenômenos que ela não compreendia, como o apodrecimento de alimentos.

Com o tempo, alguns estudiosos passaram a defender a ideia de que existiam seres microscópicos, os micróbios, que causavam a decomposição da matéria e doenças. A invenção do microscópio possibilitou a confirmação da existência desses seres vivos.

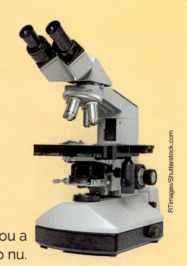

O microscópio óptico foi uma revolução, pois possibilitou a observação de organismos invisíveis a olho nu.

Microrganismos podem causar doenças

Você sabia que muitos microrganismos habitam nosso organismo? As bactérias, por exemplo, estão presentes no sistema digestório – e, enquanto o organismo está sadio, elas não causam nenhum mal.

Contudo, há bactérias, vírus, fungos e protozoários que podem ser bastante prejudiciais para o corpo.

Conheça alguns microrganismos e as doenças que eles podem causar aos seres humanos.

- **Vírus:** dengue, febre amarela, aids, sarampo, catapora e rubéola.
- **Bactérias:** tuberculose, cólera, hanseníase e tétano.
- **Fungos:** micoses e frieiras.
- **Protozoários:** doença de Chagas, amebíase, malária e giardíase.

A caxumba é causada por vírus. Tem como sintoma principal o inchaço nas laterais do maxilar.

A desinteria causada por bactérias atinge pessoas que ingeriram alimentos ou água contaminados.

Existem vários tipos de microrganismo, mas sabe como eles podem ser transmitidos?

O vírus da gripe é transmitido principalmente por meio de gotículas muito pequenas que se espalham pelo ar.

Andar descalçado aumenta as chances de contaminação por microrganismos.

Há doenças que são transmitidas pelo contato com pessoas já afetadas por elas.

Vírus *influenza* e coronavírus

Os vírus estão entre os microrganismos que mais causam doenças em humanos. Uma das mais conhecidas é a gripe. De tempos em tempos podem surgir novas doenças causadas por vírus; uma delas é a covid-19, que apareceu em 2019.

Apesar de parecidas, a gripe e a covid-19 não são a mesma doença: a gripe é causada pelo vírus *influenza*, já a covid-19 é causada pelo coronavírus. As semelhanças entre as doenças causadas por esses vírus estão relacionadas à forma de transmissão – de pessoa para pessoa (pelo ar e contato com pessoa ou superfícies infectadas) –, bem como os sintomas (tosse, dor de garganta, espirro, dores no corpo etc.).

O resfriado, uma doença causada por vírus, não deve ser confundido com essas duas doenças. Ele é uma virose com sintomas mais leves que os da gripe, dura no máximo uma semana e não requer cuidados médicos ou remédios.

Em qualquer um desses casos, a melhor forma de atuar contra esses vírus é tomar medidas de prevenção. Veja algumas recomendações.

Lave as mãos frequentemente com água e sabão.

Se não puder lavar as mãos friccione-as com álcool gel.

Use máscara quando sair de casa.

Ilustrações: Shutterstock_MatoomMi

Cubra nariz e boca ao tossir ou espirrar, de preferência com lenço descartável.

Não toque os olhos, o nariz ou a boca com as mãos não higienizadas.

Evite aglomerações e ambientes fechados.

ATIVIDADES

1 Numere a segunda coluna de acordo com a primeira.

1. microrganismos

2. vírus

3. cólera

4. antibiótico

5. decomposição

⬜ Remédio que combate as bactérias e pode ser produzido naturalmente por alguns fungos.

⬜ Microrganismo causador de doenças como dengue e catapora.

⬜ Processo realizado por algumas bactérias e fungos que devolve para a natureza a matéria orgânica.

⬜ Doença causada por uma bactéria.

⬜ Seres vivos muito pequenos, que só podem ser vistos com o auxílio de um microscópio.

2 Encontre no diagrama o nome de quatro microrganismos que causam doenças.

A	R	O	N	C	O	K	L	F	S	G	R	P	I	H	C
L	O	K	E	T	S	S	E	N	U	M	E	B	T	L	B
I	E	V	Í	R	U	S	B	L	D	E	M	F	L	R	E
M	I	N	F	E	R	I	O	R	O	S	É	U	A	C	Ç
E	Y	O	Y	B	Y	N	D	S	E	O	D	N	O	É	A
N	W	S	P	R	R	K	R	L	N	F	I	G	R	L	S
T	T	L	U	I	E	N	P	O	Ç	R	O	O	H	U	R
O	Y	B	A	C	T	É	R	I	A	S	O	Y	B	L	N
P	J	N	T	R	O	T	M	S	E	S	E	B	E	A	A
P	R	O	T	O	Z	O	Á	R	I	O	J	G	R	A	P

3 Considerando a forma de transmissão do vírus da gripe, por que não é adequado ficar em ambientes pouco ventilados e com muitas pessoas?

Microrganismos trazem benefícios

Apesar de poder causar doenças nos seres humanos, a maioria dos microrganismos é inofensiva, e alguns podem até ser benéficos. Veja exemplos.

- Na produção de alimentos: o iogurte feito à base de leite e o crescimento do pão são resultado da ação de bactérias e fungos, respectivamente.

No fermento natural há um fungo responsável por fazer o pão crescer.

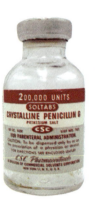

- Na produção de remédios: os antibióticos, remédios que combatem bactérias, são produzidos naturalmente por alguns fungos, como a penicilina.

A penicilina é feita à base de um fungo. O desenvolvimento desse antibiótico foi uma revolução no combate às infecções por bactérias.

- Dentro dos seres vivos: há bactérias que vivem no intestino humano e ajudam na digestão dos alimentos.

As bactérias presentes no estômago e no intestino auxiliam na digestão dos alimentos e também produzem a vitamina K2.

- Na decomposição de seres vivos: bactérias e fungos são responsáveis pela decomposição da matéria orgânica, ou seja, quando os seres vivos morrem, a matéria que os compõe volta ao ambiente.

A decomposição faz com que nutrientes que faziam parte do corpo do ser vivo sejam depositados no solo. Isso torna os solos mais férteis e ajuda no crescimento das plantas.

Decompositores em ação

Material:

- tomate maduro;
- fatia de pão;
- batata;
- etiquetas;
- 3 potes de plástico transparentes com tampa.

Modo de fazer

1. Coloque cada alimento dentro de um pote e feche-o bem.
2. Escreva nas etiquetas o nome do alimento e a data em que foi colocado no pote e cole-as nos respectivos potes.
3. Coloque os potes em um local seguro e onde possam ser visualizados por toda a turma.
4. Observe o experimento todos os dias por duas semanas.
5. Faça uma ficha no caderno e registre o que acontece.

Exemplo de ficha:

	1º dia	2º dia	3º dia
Tomate			
Pão			
Batata			

No final das duas semanas, responda:

a) O que aconteceu com esses alimentos no decorrer dos dias?

_____

b) Há participação de seres vivos nesse processo? Explique.

_____

1 Siga as instruções e complete a atividade.

Pinte de **verde** a moldura da imagem que mostra um benefício dos microrganismos.

Pinte de **vermelho** a moldura da imagem que mostra um malefício dos microrganismos.

a)

Queijos são feitos com o auxílio de bactérias.

d)

As bactérias do organismo auxiliam na digestão dos alimentos.

b)

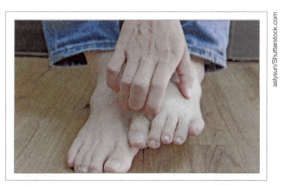

As micoses podem causar frieiras entre os dedos dos pés.

e)

Alguns tipos de conjuntivite, que afeta a região dos olhos, são causados por vírus.

c)

O pão caseiro é produzido pela fermentação realizada por um fungo.

f)

A decomposição efetuada por microrganismos ajuda a fertilizar o solo.

AS PLANTAS

Diversidade das plantas

As plantas nem sempre existiram no planeta Terra. Surgiram depois de microrganismos como as bactérias. Quando a temperatura da Terra ficou adequada e houve disponibilidade de água doce nos continentes, elas passaram a dominar vastas áreas terrestres.

Trata-se de seres vivos impressionantes, que têm a capacidade de produzir seu próprio alimento e, por meio desse processo, liberam oxigênio. Essas características intrigaram dois irmãos, Alice e Gabriel, que visitavam um parque com árvores muito diversas.

Saulo Nunes

Tipos de planta

As plantas têm grande variedade de tamanhos e formas e vivem nos mais diversos ambientes.

De acordo com a ocorrência no ambiente, elas podem ser **nativas** ou **cultivadas**.

Plantas nativas são próprias de determinados ambientes, sem terem sido introduzidas pelo ser humano.

Já as plantas cultivadas são introduzidas no ambiente pelo ser humano, como as que são utilizadas na produção de alimentos.

Paisagem nativa do Cerrado brasileiro. Parque Estadual da Serra dos Pireneus. Pirenópolis, Goiás, 2015.

Plantação de maçãs.

SAIBA MAIS

Conquista do ambiente terrestre

Há muitos milhões de anos, só havia seres vivos nas águas, em mares, rios e lagos. As plantas foram as primeiras a colonizar o ambiente terrestre.

Uma hipótese para o surgimento de plantas no ambiente terrestre é que elas se originaram de algas ancestrais que viviam na água. Ao longo do tempo, essas algas sofreram modificações que possibilitaram sua sobrevivência fora da água.

Podemos citar como exemplo de modificação o surgimento de estruturas capazes de absorver água e nutrientes do solo, que se modificaram posteriormente formando as raízes.

Musgos vistos de perto. Eles foram, provavelmente, as primeiras plantas a viver em ambiente terrestre. São dependentes de água para viver, por esse motivo só são encontrados em locais úmidos.

ATIVIDADES

1 Mencione alguns benefícios que as plantas podem proporcionar aos seres humanos.

_____

_____

_____

2 Escreva **C**, se a planta for cultivada, ou **N**, se for nativa.

☐ Uma plantação de soja.

☐ Um pedaço de Mata Atlântica intacta no litoral.

☐ Um jardim plantado por meu avô.

☐ Um parque planejado por um famoso paisagista.

PESQUISANDO

1 Pesquise e escreva o nome de algumas plantas que utilizamos na:

a) alimentação;

_____

b) produção de remédios e chás;

_____

c) fabricação de móveis e construção de casas.

_____

2 Indique, dentre os resultados da pesquisa, uma planta nativa e uma planta cultivada.

_____

_____

_____

Partes da planta

As principais partes que formam a maioria das plantas são: **raiz**, **caule**, **folha**, **flor**, **fruto** e **semente**.

- A raiz fixa a planta ao solo e absorve dele água e nutrientes.

- O caule sustenta a planta. Ele também é responsável pelo transporte de água, sais minerais e demais nutrientes.

- A folha é a parte responsável pela respiração da planta e pela fotossíntese, processo pelo qual produz o próprio alimento.

- A flor é a estrutura relacionada à reprodução da planta. É da flor que se forma o fruto.

- O fruto se origina da flor e contém as sementes. Alguns frutos são carnudos e saborosos.

- As sementes ficam dentro dos frutos. Elas contêm o embrião, que dará origem a uma nova planta.

85

Tipos de caule

Dependendo do lugar onde os caules se desenvolvem, eles podem ser classificados em **aéreos**, **subterrâneos** ou **aquáticos**.

- Os caules aéreos são os mais comuns. Eles crescem logo acima do solo, como os troncos de árvores.

Árvores como o jequitibá têm caule aéreo.

- Os caules subterrâneos se desenvolvem embaixo do solo, como o da bananeira e o da batata.

Muitos caules subterrâneos, como as batatas, acumulam substâncias nutritivas e são consumidos na alimentação humana.

- As plantas cujo hábitat é a água têm caules aquáticos, como o lótus, a vitória-régia e o aguapé.

O aguapé é uma planta aquática e seu caule tem cavidades que armazenam ar, o que contribui para a flutuação.

 SAIBA MAIS

O caule da bananeira parece ser aéreo, mas não é. A parte que vemos é um tronco falso, formado de várias folhas. Seu verdadeiro caule é subterrâneo e paralelo à superfície, de onde saem os troncos falsos.

O caule da bananeira é subterrâneo; a parte que vemos acima do solo são as folhas.

Tipos de raiz

As raízes também são classificadas de acordo com o lugar onde se desenvolvem. Elas podem ser: **aéreas**, **subterrâneas** ou **aquáticas**.

- Raízes aéreas se desenvolvem acima do solo. Elas podem estar presas a uma rocha ou mesmo a outras plantas.

As raízes respiratórias de plantas do mangue são exemplos de raízes aéreas. Como o terreno é pantanoso e pobre em oxigênio, as raízes ficam para fora e absorvem oxigênio do ar.

- As raízes subterrâneas são as mais comuns. Elas se desenvolvem abaixo da superfície do solo e retiram dele oxigênio e nutrientes.

A mandioca é uma raiz subterrânea que acumula substâncias nutritivas. É muito apreciada na alimentação.

- As raízes das plantas aquáticas ficam sob a água, de onde retiram nutrientes.

As raízes do aguapé são aquáticas. Elas absorvem água e nutrientes da água.

PESQUISANDO

1. Pesquise e descubra se a frase a seguir é verdadeira ou falsa. Justifique sua resposta.

> Assim como a batata, a batata-doce também é um caule subterrâneo.

_____

_____

_____

ATIVIDADES

1 Relacione cada parte da planta com sua respectiva função.

1 caule   4 flor

2 raiz   5 fruto

3 folha   6 semente

☐ Carrega o embrião que dá origem a uma nova planta.

☐ Absorve água e nutrientes do meio ambiente para uso da planta.

☐ Dá sustentação à planta e transporta água e nutrientes por seu corpo.

☐ É a estrutura reprodutiva das plantas, geralmente vistosa e perfumada.

☐ Responsável pela fotossíntese e pela respiração da planta.

☐ Estrutura que carrega as sementes, sendo algumas carnudas e saborosas.

2 Cite um exemplo de planta que contenha as partes mencionadas a seguir.

a) caule subterrâneo

_____

b) caule aéreo

_____

c) raiz subterrânea

_____

d) raiz aérea

_____

3 Por que os caules de plantas aquáticas contêm ar em seu interior?

_____

_____

_____

As funções da folha

Nas folhas ocorrem alguns processos vitais para a planta: a **fotossíntese**, a **respiração** e a **transpiração**.

Fotossíntese

As plantas produzem seu próprio alimento, por isso são chamadas de seres produtores. Mas como fazem isso?

Elas produzem alimento por meio do processo de fotossíntese. Na fotossíntese, as plantas utilizam a água absorvida pelas raízes, o gás carbônico do ar e a energia da luz solar captados pelas folhas e produzem, com esses elementos, açúcares que alimentam toda a planta. Como resultado da fotossíntese, a planta libera para o ambiente gás oxigênio, importante para a respiração de muitos seres vivos, inclusive do ser humano.

Como os animais não são capazes de produzir o próprio alimento, eles se alimentam diretamente das plantas ou de animais que se alimentam de plantas. Por isso, podemos afirmar que a alimentação de quase todos os seres vivos depende dos seres que fazem fotossíntese – as plantas e as algas.

Representação simplificada em cores-fantasia.

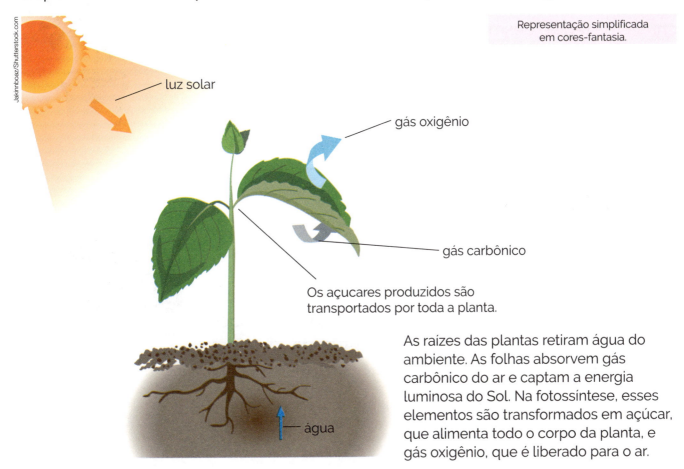

luz solar

gás oxigênio

gás carbônico

Os açúcares produzidos são transportados por toda a planta.

água

As raízes das plantas retiram água do ambiente. As folhas absorvem gás carbônico do ar e captam a energia luminosa do Sol. Na fotossíntese, esses elementos são transformados em açúcar, que alimenta todo o corpo da planta, e gás oxigênio, que é liberado para o ar.

Jakinnboaz/Shutterstock.com

Respiração

Assim como os animais, as plantas também respiram. Durante a respiração, as folhas absorvem gás oxigênio do ar e liberam gás carbônico.

É por meio desse processo que elas obtêm energia para sobreviver.

gás carbônico

oxigênio

Luís Moura

Enquanto na fotossíntese gás carbônico é absorvido e gás oxigênio é liberado pelas folhas, na respiração ocorre o contrário: gás oxigênio é absorvido e gás carbônico é liberado.

Representações simplificadas em cores-fantasia e dimensões dos elementos sem escala.

Transpiração

No processo de transpiração, as folhas liberam água para o ambiente na forma de vapor. A transpiração tem diversas funções e uma delas é diminuir a temperatura da planta.

A transpiração das plantas em grandes florestas é um fator importante para o aumento da umidade do ar, que leva à formação de chuvas. O desmatamento, ao diminuir a quantidade de plantas que fazem a transpiração, reduz também as chuvas na região desmatada.

Luís Moura

Um modo de demonstrar a transpiração é cobrir o ramo de uma planta com um saco plástico e vedá-lo bem. Após 24 horas é possível observar gotículas de água dentro do saco plástico. Essa água que forma as gotículas veio da transpiração da planta.

! SAIBA MAIS

Seiva

Chamamos de seiva os líquidos que correm pelo corpo da planta. A mistura de água e sais minerais retirados do solo pela raiz é a **seiva bruta**. Já a mistura de água com o açúcar produzido na fotossíntese é a **seiva elaborada**.

As setas em azul representam a seiva bruta, e as setas em vermelho, a seiva elaborada.

Paulo César

As plantas e o Sol

Material:
- 1 caixa de sapatos;
- 1 garrafa PET;
- algodão;
- sementes de feijão;
- tesoura;
- água.

Modo de fazer

1. Deixe que o professor separe o fundo da garrafa PET cortando-o com a tesoura. Essa parte vai servir de pires.

2. Umedeça uma porção de algodão e coloque-a no pires.

3. Coloque algumas sementes de feijão sobre o algodão e deixe o pires em um local no qual incida a luz do Sol.

4. Observe diariamente sua plantinha. Quando a primeira semente germinar, descarte as outras.

5. Deixe que o professor faça um buraco na lateral da caixa de sapatos usando a tesoura. O buraco deve ser feito na lateral da caixa e ter aproximadamente 3 cm de diâmetro.

6. Coloque o pires com a semente germinada dentro da caixa, o mais longe possível do buraco, e tampe-a.

7. Coloque a caixa em um lugar bem iluminado pelo Sol.

8. Observe o crescimento da planta de feijão.

Agora, responda:

a) Em que direção a planta cresceu?

_____

b) Por que isso aconteceu?

_____

Will Silva

ATIVIDADES

1 Escreva **F** para as frases que se referem ao processo de fotossíntese; **R** para as que se referem à respiração e **T** para as que se referem à transpiração.

☐ Nesse processo, a planta absorve gás oxigênio do ambiente.

☐ Por meio desse processo, a planta produz o próprio alimento.

☐ A planta libera água na forma de vapor para o ambiente.

☐ A planta libera gás oxigênio para o ambiente.

☐ A planta libera gás carbônico para o ambiente.

☐ A planta consome gás carbônico do ambiente.

2 Por que podemos afirmar que a alimentação de todos os seres vivos depende da produção de alimento pelas plantas?

_____

_____

_____

3 Desenhe setas na planta ilustrada ao lado para indicar o caminho da seiva bruta, desde o órgão que absorve a água e os sais minerais até o que faz a fotossíntese.

4 Qual é o nome da seiva composta de água e açúcar produzida na fotossíntese? Que caminho essa seiva percorre?

_____

_____

_____

_____

_____

Paulo César

PEQUENO CIDADÃO

Árvores urbanas e sua importância

As árvores são o maior patrimônio ambiental que existe nas cidades, pois elas abrigam os pássaros, que espalham as sementes e comem os insetos. Elas dão sombra e diminuem a temperatura, e aí fica bem mais gostoso andar pelas ruas. Você pode caminhar pelas calçadas, praças e parques, divertir-se e ser mais saudável.

[...] Além disso, a sombra dessa árvore poderá deixar mais fresco também o asfalto em frente da sua casa.

[...] Agora, se você tiver um quintal, melhor ainda! Poderá plantar nele uma árvore frutífera (como jabuticabeira e laranjeira, por exemplo), e terá frutos gostosos, para apanhar com a mão, em determinadas épocas do ano.

As árvores embelezam as nossas cidades e nos dão a sensação, física e psicológica, de bem-estar: que é quando percebemos a natureza e nos sentimos bem.

Porém, não basta plantar árvores na calçada, elas precisam também de ser cuidadas! Ah! E quando alguém for cuidar dela, pode ser que tenha que cortar um galho ou um ramo seu. Isso se chama "poda", e é algo benéfico para ela. Mas, repare bem, a poda exagerada pode causar mal para a planta, e, portanto, deve ser evitada.

[...]

BRASIL. Ministério da Agricultura, Pecuária e Abastecimento. Embrapa. *Árvores urbanas e sua importância*. Brasília, DF: Embrapa, 16 maio 2017. Disponível em: https://www.embrapa.br/contando-ciencia/ecologia-e-meio-ambiente/-/asset_publisher/EljjNRSeHvoC/content/broca-do-olho-do-coqueiro/1355746?_101_INSTANCE_EljjNRSeHvoC_viewMode=view. Acesso em: 6 abr. 2020.

1 De acordo com o texto, quais são as vantagens de se ter árvores no quintal ou na frente de casa?

A reprodução das plantas

As plantas podem se reproduzir de forma assexuada ou sexuada.

Reproduçao assexuada

Esse tipo de reprodução não envolve as células reprodutivas, os gametas. Na reprodução assexuada, as plantas se desenvolvem de mudas, que são partes da planta-mãe: folhas, pedaços do caule ou raízes.

Um exemplo é a violeta, que pode se desenvolver de uma folha plantada na terra.

A violeta pode se reproduzir assexuadamente.

Reprodução sexuada

A reprodução sexuada envolve a união de células reprodutivas. Na maioria das plantas essas células estão nas flores. Em geral, as flores têm ambos os sexos: a **parte feminina** e a **parte masculina**.

A parte feminina das flores é chamada de **gineceu**, e é constituído de **estigma** e **ovário**. Dentro do ovário fica o **óvulo**, que é a célula reprodutiva feminina.

A parte masculina é o **androceu**, no qual estão os **estames**, formados por **anteras** e **filetes**. Nas anteras são produzidos os **grãos de pólen**, que contêm as células reprodutivas masculinas.

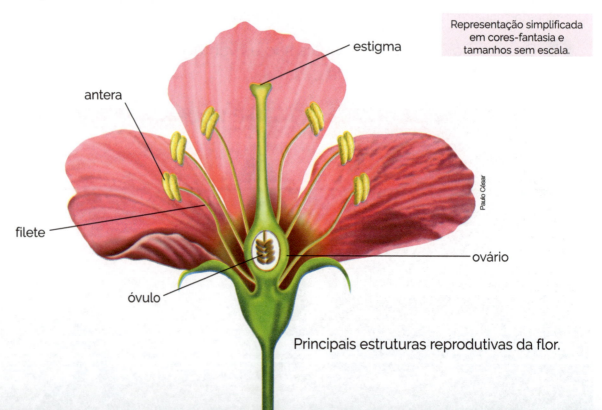

Representação simplificada em cores-fantasia e tamanhos sem escala.

estigma

antera

filete

óvulo

ovário

Principais estruturas reprodutivas da flor.

Como acontece a reprodução?

Para que a reprodução aconteça, deve haver a transferência dos grãos de pólen da antera de uma flor para o estigma de outra flor ou dela mesma, caso tenha ambos os sexos. Esse transporte do pólen à parte feminina se chama polinização.

Quando os grãos de pólen chegam ao estigma, ocorre a fecundação, que é a junção da célula reprodutiva masculina (que fica dentro do grão de pólen) com a feminina (que fica dentro do ovário), que origina o embrião.

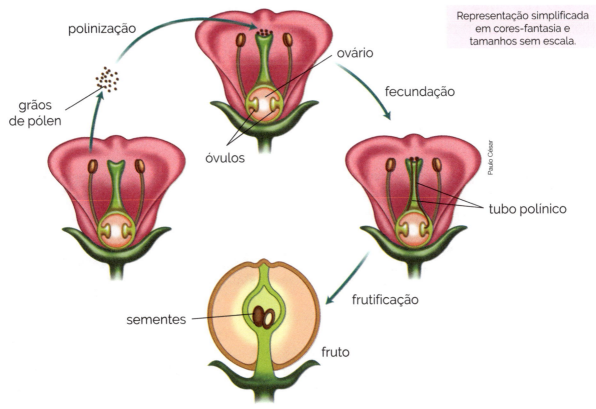

Esquema representativo da reprodução de uma planta com flor. Na polinização, os grãos de pólen chegam ao estigma. Ocorre a fecundação quando o grão de pólen cresce, formando o tubo polínico, que leva a célula reprodutiva masculina para se unir à célula reprodutiva feminina (no ovário), formando o embrião. Na frutificação, o ovário cresce e origina o fruto.

Após a fecundação, o ovário aumenta de tamanho e forma o fruto. O embrião, que originará uma nova planta, fica dentro da semente.

Diferentes estágios da reprodução da romã. Na imagem, à direita, uma flor antes da fecundação; à esquerda, o fruto em desenvolvimento, com o ovário em crescimento; no centro, um fruto já completamente desenvolvido.

A polinização

Você já aprendeu que a transferência de grãos de pólen das anteras de uma flor para o estigma de outra é chamada de **polinização**. Mas se as plantas não se locomovem, como essa transferência acontece?

A resposta está nas praças, nos jardins e nas plantações. Você já parou para admirar flores nesses lugares? Quando observamos as flores, podemos notar que elas são visitadas por diversos animais, como formigas, abelhas, borboletas e beija-flores.

O que esses animais fazem na flor? Em geral, eles se alimentam. Muitas flores produzem **néctar**, uma substância açucarada apreciada por vários animais. Outros também se alimentam de grãos de pólen.

Os animais que se alimentam nas flores contribuem para a reprodução das plantas. Ao visitar uma flor, os grãos de pólen grudam em seu corpo. Ao ir para outra flor, eles levam esses grãos de pólen até o estigma, fazendo a polinização.

Beija-flor.

Abelha.

Além dos animais, o vento é outro agente de polinização, quando carrega os grãos de pólen de uma flor para outra.

É muito comum as pessoas desenvolverem alergia ao pólen, que é liberado pelas flores e espalhado pelo vento durante a primavera.

Pólen do cedro espalhado pelo vento.

Dispersão das sementes

Para originar uma nova planta, as sementes precisam **germinar**, isto é, o embrião dentro delas deve começar a se desenvolver.

No entanto, se o fruto cai perto da planta-mãe, as novas plantas competem com ela por luz, água etc., e os embriões podem não crescer.

Dispersão de sementes é o processo em que a semente é levada para outro local, distante da planta-mãe, uma ação importante porque evita a competição entre planta-mãe e planta-filha.

A dispersão de sementes é feita por um agente **dispersor**, que pode ser um animal, o vento ou mesmo a água.

- **Animais:** os animais comem os frutos e, com eles, as sementes. A semente passa pelo sistema digestório do animal e é liberada intacta com as fezes em um local distante da planta-mãe. Em outros casos, os frutos podem ter estruturas que se prendem ao corpo de animais que passam por perto; assim, as sementes são levadas para longe da planta-mãe.

- **Vento:** alguns frutos são muito leves, ou sua forma facilita que seja transportado pelo vento. Assim, as sementes são levadas para outros locais, distantes da planta-mãe.

- **Água:** alguns frutos podem ser carregados pela água de chuvas ou rios para longe da planta-mãe.

O carrapicho gruda no corpo de animais e em roupas de pessoas, que levam a semente dele para longe.

O coco pode percorrer grandes distâncias flutuando na água.

Sementes de dente-de-leão são levadas pelo vento.

Fabio Colombini
Bess Hamiti/Shutterstock.com
Glenn Jenkinson/Shutterstock.com

1 O que são mudas de plantas? Qual é o tipo de reprodução feito com mudas?

_____

_____

_____

_____

2 Identifique, no esquema abaixo, as partes indicadas.

Paulo César

3 Ordene os termos numerando-os na sequência percorrida pela célula reprodutiva masculina do grão de pólen até a fecundação de outra flor.

| estigma | antera | óvulo | corpo de um inseto |

_____

_____

4 Qual é a estrutura da planta que dá origem ao fruto?

_____

BRINCANDO

1 Com base nas características das sementes descritas, relacione-as com o provável agente dispersor.

a) Sementes leves, que têm estruturas parecidas com asas.

b) Semente que fica dentro de um fruto carnoso e saboroso.

animal

c) Semente que fica dentro de um fruto pequeno e grudento, capaz de aderir a pelos e roupas.

água

vento

d) Semente que fica dentro de um fruto fibroso que flutua em meio líquido (água).

OS ANIMAIS

Onde vivem os animais

Sandra e Catarina, mãe e filha, foram visitar um museu de ciência. Lá, tiveram de resolver um desafio interessante. Observe a cena e participe.

Ilustra Cartoon

Ai, que difícil! Você me ajuda?

Olha, mãe! Há muitos animais! Vamos contar quantos são e descobrir onde cada um vive?

Representação de mãe e filha visitando um museu de ciência em que há um ambiente recriado.

Que tal você também participar desse desafio?

Um lugar para viver

Todos os animais vivem em locais naturais adequados para sua sobrevivência. Esses ambientes são chamados **hábitats**. Neles, os seres vivos encontram alimento, abrigo e outros animais da mesma espécie para se reproduzir. Por isso, a conservação do hábitat é muito importante para a manutenção das espécies.

Peixes, águas-vivas, golfinhos, entre outros animais, vivem em hábitats aquáticos.

75 cm

Alguns animais terrestres vivem em locais com temperatura baixa, outros vivem em locais de temperatura elevada; há os que precisam estar próximos à água e os que vivem em ambientes mais secos, ou seja, com pouca água.

Há animais aquáticos que habitam águas quentes e outros que vivem em águas frias; alguns são encontrados em águas salgadas, outros em águas doces, e ainda existem os que vivem em **ambientes salobros**.

GLOSSÁRIO

Ambiente salobro: ambiente aquático em que há mistura de água salgada com água doce.

2,50 m

2,5 m

15 cm

Os ursos-polares vivem no Polo Norte, onde as temperaturas são baixas durante todo o ano. Sua pelagem e gordura ajudam a suportar o frio.

Os dromedários vivem em desertos da África, ambientes quentes e com pouca água. Eles conseguem ficar até um mês sem beber água; a corcova armazena gordura.

Os anfíbios, como essa perereca-do-brejo, encontrada na Mata Atlântica, precisam viver próximo a fontes de água ou em matas úmidas. Esses animais passam parte de seu ciclo de vida dentro da água.

Vivendo em diferentes lugares

O clima, a maior ou menor disponibilidade de água e a oferta de alimento estão interligados e influenciam o hábitat dos animais.

Entretanto, há animais que são encontrados em várias regiões do planeta, são os chamados **cosmopolitas**. Esses seres podem viver nos mais diferentes climas e estão presentes no campo e nas grandes cidades. A barata, o rato, as pombas e o ser humano são exemplos desse grupo.

Os animais que se deslocam de uma região para outra por causa das variações periódicas do clima, da disponibilidade de alimento ou para reproduzir-se são chamados de **migratórios**. Veja dois exemplos.

14 cm

O pardal é considerado uma espécie cosmopolita. É uma ave abundante, encontrada tanto em ambientes urbanos como em florestas e na zona rural.

35 cm

As cores e a proporção entre o tamanho dos seres vivos representados não são as reais.

Trinta-reis-boreal. No início do inverno, essa ave, em uma viagem migratória, parte da América do Norte, onde vive, passa pela América Central e chega até o sul do Brasil e da Argentina, podendo percorrer até 8 mil quilômetros.

15 m

A baleia-jubarte é encontrada em todos os oceanos; portanto, é cosmopolita. No entanto, ela também é migratória. As que habitam no oceano Atlântico Sul chegam ao litoral da Bahia entre junho e julho, para se reproduzir no Arquipélago de Abrolhos, e voltam para as águas frias próximas da Antártica perto de dezembro.

ATIVIDADES

1 Complete corretamente a sentença a seguir.

O local adequado para um animal viver é chamado de _____.

Nesse ambiente, o indivíduo encontra _____, abrigo e

outros animais da mesma espécie para se _____.

2 Leia atentamente as descrições a seguir e, de acordo com o que você estudou, ligue cada animal ao ambiente em que ele provavelmente poderia viver.

- A raposa-do-ártico não poderia viver bem onde vivem o camelo, a rã e a baleia.
- A ariranha não poderia viver bem onde vivem o urso-polar, o camelo e a baleia.
- O golfinho-rotador não poderia viver bem onde vivem o camelo, o urso-polar e a rã.

Raposa-do-ártico.

Ariranha.

Golfinho-rotador.

Rio.

Fundo do mar.

Geleira no Polo Norte.

103

Animais vertebrados e invertebrados

As classificações são importantes para que os seres vivos possam ser mais bem estudados. Um tipo de divisão fundamental para as pesquisas com animais é a que os separam em dois grandes grupos: **vertebrados** e **invertebrados**.

Chamamos de vertebrados os animais que têm crânio e coluna vertebral, como os seres humanos, as aves, os lagartos, os peixes e os sapos.

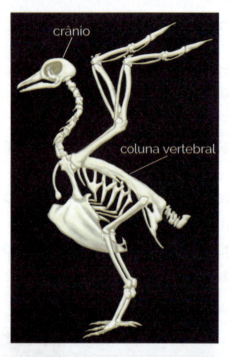

Representação simplificada em cores-fantasia e tamanhos sem proporção

Ilustrações: Paulo César

Representação do esqueleto de uma ave.

Representação do esqueleto de um peixe.

Já os invertebrados são animais de corpo mole ou que têm o corpo sustentado por um esqueleto externo, como as aranhas.

Animais invertebrados não têm coluna vertebral nem crânio. Eles formam um grupo muito variado e correspondem à maioria das espécies animais.

viktor_kov/Shutterstock.com

8 cm

A minhoca tem o corpo mole. Ela é um animal invertebrado.

Sustentação e proteção

As proporções entre as estruturas representadas não são as reais

O crânio é uma estrutura que protege o cérebro e os órgãos a ele ligados.

A coluna vertebral dá sustentação ao corpo; ela é essencial para a movimentação dos membros e a locomoção. Veja o esquema a seguir.

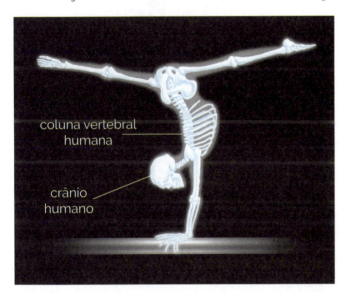

coluna vertebral
humana

crânio
humano

Paulo César

coluna vertebral
humana

crânio
humano

Representação do corpo humano e de sua imagem obtida por raios X. Observe a coluna vertebral. Ela é responsável por manter o corpo em equilíbrio.

A coluna vertebral é uma parte do esqueleto formada por estruturas articuladas denominadas **vértebras**. Além de promover a sustentação e os movimentos do corpo, ela protege a medula espinhal, que é parte de nosso sistema nervoso.

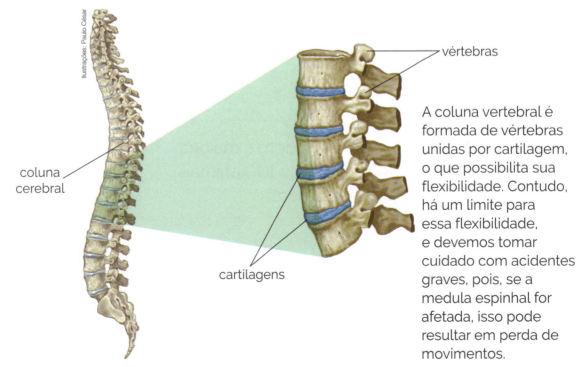

Ilustrações: Paulo César

coluna
cerebral

vértebras

cartilagens

A coluna vertebral é formada de vértebras unidas por cartilagem, o que possibilita sua flexibilidade. Contudo, há um limite para essa flexibilidade, e devemos tomar cuidado com acidentes graves, pois, se a medula espinhal for afetada, isso pode resultar em perda de movimentos.

1 Observe a imagem e responda às questões.

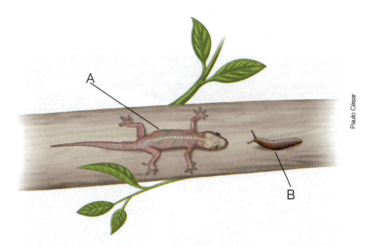

a) Qual é o animal que tem coluna vertebral e crânio? _____.

b) Qual é o animal que tem corpo mole e não apresenta crânio nem coluna vertebral? _____.

c) Qual é o animal vertebrado e qual é o animal invertebrado?

_____

2 Complete as lacunas, para que as definições fiquem corretas.

a) O _____ é uma estrutura que protege o cérebro e os órgãos a ele ligados.

b) A _____ é formada por estruturas articuladas denominadas _____. Ela promove a sustentação e os movimentos do _____.

3 Leia o texto a seguir.

> Os invertebrados correspondem à maioria dos animais da Terra. De cada 100 animais, apenas quatro são vertebrados.

Sabendo disso, observe esses 100 quadrados. Pinte, com cores diferentes, a quantidade de quadrados que melhor representa o número de animais de cada grupo.

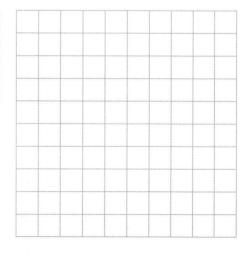

Animais vertebrados

Os animais vertebrados podem ser classificados em cinco grupos: **peixes**, **anfíbios**, **répteis**, **aves** e **mamíferos**.

Em todos esses grupos, os animais têm crânio e coluna vertebral, mas as subdivisões consideram outras semelhanças e diferenças entre eles.

Vamos conhecer melhor cada grupo.

Peixes

Os peixes vivem em ambiente aquático, na água salgada, na água salobra e na água doce. Eles se movimentam por meio de nadadeiras e respiram pelas brânquias. A maioria dos peixes tem a pele recoberta de escamas, mas alguns têm pele lisa e são chamados de **peixes de couro**. A maioria dos peixes é ovípara.

Exemplos de peixes: sardinha, bacalhau, cavalo-marinho, salmão, piramboia e raia.

90 cm

BigBoom/Shutterstock.com

O corpo dos peixes é recoberto de escamas e eles se movimentam utilizando nadadeiras.

Peixes retiram oxigênio da água por meio das brânquias.

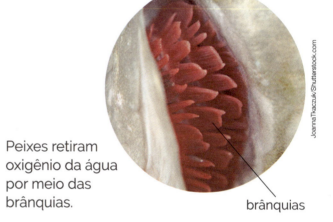

JoannaTkaczuk/Shutterstock.com

brânquias

15 cm

seele/iStockphoto.com

É o cavalo-marinho macho que carrega os ovos de seus filhotes.

107

Pesca predatória de tubarões e arraias ameaça equilíbrio marinho

[...] tubarões e arraias, integram o grupo que apresentou as maiores porcentagens de espécies ameaçadas, entre todos os grupos de fauna que o Instituto Chico Mendes de Conservação da Biodiversidade (ICMBio) avaliou [...].

As 151 espécies marinhas habitam todos os ambientes [...]. "São seres interessantíssimos, pois apresentam estratégia de vida única e estão entre as espécies mais vulneráveis e sensíveis à ação humana nos nossos mares, e a maioria deles tem baixa fecundidade" [...]

O problema, explica, é que algumas dessas espécies têm apenas um ou dois filhotes a cada três a cinco anos, possuem alta longevidade, podendo viver de 80 a 130 anos, [...]. Há espécies que se tornam adultas aos 20, 25 anos de idade. [...]

Em função dos hábitos, essas espécies tornam muito vulneráveis à pesca e, quando ameaçadas de extinção, sua recuperação populacional ocorre muito lentamente, [...]. Algumas espécies podem levar mais de 300 anos neste processo de recuperação, mesmo que todas as medidas necessárias sejam tomadas a tempo.

Os tubarões têm papel ecológico fundamental na manutenção dos **ecossistemas** marinhos e são responsáveis pelo equilíbrio populacional da maioria dos peixes que sustentam muitas pescarias importantes. [...] "Por tudo isso, os tubarões precisam ser conservados e protegidos", [...]

GLOSSÁRIO

Ecossistema: conjunto formado pelos seres vivos e o ambiente, em que ocorrem interações entre esses componentes.

Luciene de Assis. Pesca predatória de tubarões e arraias ameaça equilíbrio marinho. *In*: BRASIL. Ministério do Meio Ambiente. Brasília, DF: Ministério do Meio Ambiente, 26 ago. 2013. Disponível em: https://www.mma.gov.br/informma/item/9569-pesca-predat%C3%B3ria-de-tubar%C3%B5es-e-arraias-amea%C3%A7a-equil%C3%ADbrio-marinho. Acesso em: 13 abr. 2020.

O tubarão-baleia, apesar do tamanho, é lento e manso. Ele apenas abre seu bocão e deixa o alimento entrar.

As raias, assim como os tubarões, são muito pescadas, pois servem de alimento aos seres humanos.

Anfíbios

Animais anfíbios passam parte da vida no ambiente aquático e mesmo depois de adultos costumam ficar próximo a fontes de água. Isso ocorre principalmente porque a umidade evita o ressecamento de sua pele, que é bastante sensível. Eles também respiram por ela, em complemento à respiração pulmonar. Outro fator é a reprodução: os anfíbios depositam os ovos em ambientes aquáticos ou próximo a eles, porque algumas fases de seu desenvolvimento ocorrem no ambiente aquático.

A temperatura do corpo dos anfíbios varia de acordo com a temperatura do ambiente.

Os sapos, as pererecas e as rãs são exemplos de anfíbios. Além desses animais, fazem parte do grupo as cecílias e as salamandras.

A maioria dos anfíbios é ovípara e seus ovos são postos na água ou bem próximo dela. Uma característica marcante desse grupo é que eles passam por **metamorfose** no processo de desenvolvimento. Observe como é o ciclo da metamorfose do sapo.

Há anfíbios grandes e outros bem pequenos. Eles vivem próximo à água para botar ovos e manter a pele úmida.

GLOSSÁRIO

Metamorfose: mudança rápida e intensa de forma, estrutura e hábitos que ocorre durante o ciclo de vida de certos animais.

sapo adulto

metamorfose completa

girino

ovo fecundado

Representação simplificada em cores-fantasia e tamanhos sem proporção.

Esquema representando o ciclo de desenvolvimento do sapo. Quando filhotes, os sapos são chamados de girinos, vivem na água e respiram por brânquias. Depois, desenvolvem os membros e outras estruturas e perdem a cauda. Ao se tornarem adultos, começam a viver no ambiente terrestre.

Apesar de sua importância na natureza, sapos sofrem com descaso humano

Classificados basicamente em três grandes grupos, os anfíbios podem ser divididos entre anuros, como sapos, pererecas e rãs, que possuem uma grande diversidade de cores e tamanhos [...].

O grupo dos anuros é o grande responsável pelo controle de pragas, insetos e até mesmo animais como os escorpiões. Um único sapo, por exemplo, pode se alimentar aos quilos de grande quantidade de insetos que se tornam abundantes em períodos de chuvas.

No entanto, de acordo com dados da União Internacional para Conservação da Natureza, cerca de 30% das espécies de anuros estão ameaçadas de extinção, enquanto 35 tipos já desapareceram por completo desde 1980.

De acordo com o professor Hertz Figueiredo dos Santos [...] grande parte da população **repudia** esses animais: "As pessoas muitas vezes jogam sal nos sapos, com a intenção de matar ou fazê-los ir embora de suas residências, mas isso é altamente **tóxico** para eles".

O **zoologista** também destaca que a falta de conhecimento é grande influenciadora para atos como esses e que os anuros merecem atenção e políticas de preservação tanto quanto animais como pássaros e macacos. [...]

GLOSSÁRIO

Repudiar: rejeitar fortemente, não querer por perto.

Tóxico: que pode intoxicar, causar envenenamento.

Zoologista: profissional que se especializou em estudar os animais.

Luciano Filho. Apesar de importância na natureza, sapos sofrem com descaso humano. *Jornal da USP*, São Paulo, 12 ago. 2019. Disponível em: https://jornal.usp.br/atualidades/apesar-de-importancia-na-natureza-sapos-sofrem-com-descaso-humano/. Acesso em: 3 abr. 2020.

No *link* da reportagem reproduzida acima você poderá ouvir o áudio com mais informações sobre os anuros.

Do van Dijk/ NIS/ Minden Pictures/Fotoarena

Os anuros, como a pequena rã da fotografia, que cabe na ponta de um dedo, têm importante papel no equilibrio do ambiente.

Répteis

Os répteis são encontrados em diversas partes da Terra, mas, assim como os anfíbios, a temperatura de seu corpo depende da temperatura do ambiente. É por essa razão que eles não habitam regiões gélidas.

Entre os répteis estão os jacarés, as tartarugas, as serpentes e os lagartos.

O corpo deles pode ser recoberto por escamas grandes, como o dos jacarés; escamas pequenas, como o das serpentes; ou carapaça formada por placas, como os do grupo das tartarugas.

No grupo das tartarugas, os animais não têm dentes e seu corpo é recoberto de placas.

35 cm

1,2 m

Alguns répteis têm dentes e escamas, como os jacarés e as serpentes.

Muitos répteis vivem próximo à água. Habitam locais de clima quente ou ameno e se aquecem ao Sol.

10 cm

1,50 m

Como a maioria dos répteis, os filhotes de tartaruga nascem de ovos. Nesse grupo os pais não costumam cuidar das crias depois de nascidas, mas defendem os ovos escondendo-os ou ficando perto deles.

As serpentes são répteis sem pernas. Muitas produzem veneno e têm dentes especiais para injetá-lo. Ao andar em matas, é importante usar botas apropriadas para evitar acidentes.

1 Durante seu desenvolvimento, os anfíbios passam por metamorfose. Indique na imagem a sequência correta das fases.

Ciclo de vida dos anfíbios.

1 ovo fecundado

2 girino

3 girino com as pernas traseiras

4 girino com as pernas traseiras e dianteiras

5 sapo adulto

2 Analise as fotografias e complete as frases.

Filhote de serpente saindo do ovo.

Filhote de jacaré saindo do ovo.

As imagens mostram um grupo de animais em que a maioria é _____, isto é, desenvolve-se em ovos. Quanto à cobertura corporal, alguns têm _____ pequenas ou grandes e outros têm _____.

A descrição acima é do grupo dos _____.

Aves

As características que diferenciam as aves de outros vertebrados são as penas, o bico e as asas.

A maioria das aves voa, mas algumas, como a ema, o avestruz e o pinguim, não voam. Outra característica comum desse grupo é a respiração por meio dos pulmões. As fêmeas são **ovíparas**, ou seja, põem ovos.

As aves têm algumas características que possibilitam o voo. Alguns de seus ossos são ocos e leves, e elas têm sacos de ar no interior do corpo que ajudam na respiração durante o voo.

Há aves que constroem ninhos em galhos, outras em paus ocos, outras no solo etc. Em geral, o casal fica junto e cuida dos filhotes.

Os pinguins são aves que não voam, mas nadam muito bem. Vivem em áreas próximas ao Polo Sul e são muito cuidadosos com seus filhotes.

O galo-da-campina vive no Nordeste brasileiro e voa. Fêmea e macho têm cantos diferentes para chamar um ao outro.

Mamíferos

Duas características principais separam os animais desse grupo dos outros: eles têm pelos e as fêmeas têm glândulas mamárias produtoras de leite. Os filhotes são amamentados durante uma fase da vida.

Fazem parte desse grupo os seres humanos, os cachorros, os gatos, os cavalos, os porcos, as girafas etc.

Os mamíferos têm pelos.

As fêmeas produzem leite e amamentam os filhotes.

Os mamíferos respiram por meio de pulmões e a grande maioria é **vivípara** – ou seja, antes do nascimento, os filhotes se desenvolvem dentro do corpo da mãe.

Os seres humanos têm características que os incluem no grupo dos mamíferos.

O morcego é o único mamífero que voa.

Os mamíferos ocupam muitos hábitats. Os que vivem no mar são as orcas, os golfinhos e as baleias.

A equidna (imagem acima) e o ornitorrinco são os únicos mamíferos que botam ovos, mas têm pelos e amamentam seus filhotes. São encontrados na Austrália e em algumas regiões próximas.

ATIVIDADES

1 Observe a ilustração e responda às questões.

a) A imagem destaca animais representantes de dois grupos estudados até o momento.

A que grupo pertence cada um?

_____

_____

_____

_____

_____

_____

Kau Bispo

b) Quais são as características principais que diferenciam esses dois grupos?

_____

_____

_____

_____

2 De acordo com as características a seguir, escreva adequadamente: mamíferos, aves, ambos.

Somente ovíparos	
Vertebrados	
Maioria é vivíparo	
Ossos ocos para voar	
Respira pelos pulmões	

3 Que animal diferente! Seu desafio será ler as características dele e dizer se é um mamífero ou uma ave. Justifique sua resposta.

Nome: ornitorrinco.

Descrição: vertebrado, bico parecido com o de pato, membranas entre os dedos como os gansos, cauda semelhante à do castor, corpo coberto de pelos; as fêmeas produzem leite e amamentam os filhotes.

_____

_____

_____

4 Você já sonhou em ser um super-herói e sair voando por aí? Seria muito bacana, não é mesmo? Isso não é possível para os seres humanos. Para a maioria das aves, contudo, voar não é problema.

Descreva nas linhas a seguir as características das aves que possibilitam o voo.

_____

_____

_____

_____

1 Nossa, os bichos ficaram malucos! Querem ter características contrárias às que têm na realidade. Agora, ligue cada um a seus desejos estranhos.

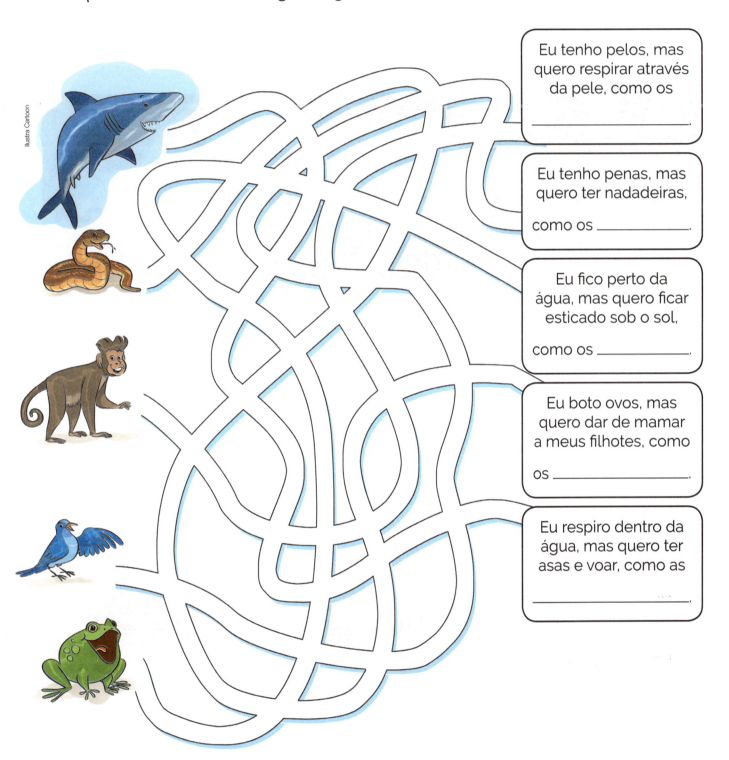

Eu tenho pelos, mas quero respirar através da pele, como os

_____ .

Eu tenho penas, mas quero ter nadadeiras,

como os _____ .

Eu fico perto da água, mas quero ficar esticado sob o sol,

como os _____ .

Eu boto ovos, mas quero dar de mamar a meus filhotes, como

os _____ .

Eu respiro dentro da água, mas quero ter asas e voar, como as

_____ .

Animais invertebrados

Os **animais invertebrados** não têm coluna vertebral nem crânio.

Eles formam um grupo muito variado e constituem a maioria das espécies animais.

Podem ser encontrados em diversos ambientes: no solo, na água, no ar e até no corpo de outros animais. Veja alguns exemplos nas imagens a seguir.

A lula, o náutilo e os poliquetas são exemplos de animais invertebrados aquáticos. Você se lembra de algum outro exemplo?

Algumas lulas têm tinta, que são liberadas para que elas escapem de predadores.

O náutilo tem uma concha resistente.

As brânquias em forma de pena dos poliquetas auxiliam na respiração e captura de alimento.

Outros invertebrados vivem em ambiente terrestre e são muito conhecidos. Alguns vivem no solo, como a minhoca, a lesma, a centopeia e o tatuzinho-de-jardim. Há invertebrados que nos dão medo, mas na natureza todos os animais são importantes para o equilíbrio ecológico, pois servem de alimento e se alimentam de outros animais, como as aranhas, os escorpiões e as baratas.

O piolho-de-cobra vive no solo. Ele é inofensivo e algumas espécies podem ter até 750 pernas.

O tatuzinho-de-jardim é muito conhecido por sua capacidade de se enrolar quando é ameaçado.

O escorpião-amarelo vive no Brasil. Ele é venenoso e pode causar acidentes graves.

O exoesqueleto

Apesar de os invertebrados não apresentarem estruturas ósseas internas, como crânio e coluna vertebral, muitos têm algum tipo de proteção e sustentação para o corpo, que em alguns casos apresenta uma "armadura" protetora, um esqueleto externo chamado **exoesqueleto**. Indivíduos marinhos, como o caranguejo e a lagosta, e também invertebrados terrestres, como a aranha, o escorpião e os insetos, têm exoesqueleto. No entanto, o material de que é feito o exoesqueleto de cada grupo é diferenciado.

Durante a muda, o animal sai do interior de seu exoesqueleto antigo; o exoesqueleto novo ainda é frágil e endurece lentamente.

Como o exoesqueleto não cresce com o animal, de tempos em tempos ele precisa trocá-lo, esse processo é chamado **muda**.

Os parasitas

Os invertebrados que vivem no corpo de outros animais e dependem deles para se alimentar e se reproduzir são chamados parasitas. É o caso do piolho, da pulga, do carrapato e de alguns vermes.

Fotografia ampliada de um piolho entre os dentes de um pente (azul) e alguns fios de cabelo.

O mundo dos insetos

Os insetos são o maior e mais diversificado grupo de animais da Terra. Há insetos que emitem sons, como as cigarras, os grilos, as vespas e os besouros; outros emitem luz, como o vaga-lume. Alguns são solitários, como os besouros e tantos outros; e há espécies que formam colônias e são muito organizadas, como formigas, abelhas e cupins.

Joaninha.

Vaga-lume.

Formigas.

Os insetos caracterizam-se por ter um par de antenas na cabeça e três pares de pernas no tórax. Alguns são voadores e têm asas, como borboletas, abelhas, moscas, joaninhas e grilos. Outros não têm asas e não voam, como a pulga e o piolho.

A metamorfose dos insetos

Muitos insetos são ovíparos e passam por metamorfose até se tornarem adultos, como a borboleta, o bicho-da-seda e os mosquitos. A metamorfose da borboleta tem quatro estágios: **ovo**, **larva (lagarta)**, **pupa (ou crisálida)** e **fase adulta**.

Dos ovos saem as **larvas**, também chamadas de lagartas.

Depois de ter se alimentado bastante, a lagarta se envolve em um casulo e fica imóvel. Nesse estágio ela é chamada de **pupa**.

Quando a borboleta está completamente formada, ela sai já **adulta** do casulo.

A borboleta fêmea adulta coloca **ovos** nas folhas de uma planta.

Paulo César

Na fase adulta, a borboleta voa e se reproduz. Enquanto a lagarta come folhas, a borboleta se alimenta de substâncias líquidas, como o néctar das flores, contribuindo para a **polinização** das plantas , já que o pólen das flores fica preso às asas da borboleta, e é transportado a outras plantas do ambiente.

1 Qual é a principal característica dos animais do grupo dos invertebrados?

_____

2 Marque um **X** na imagem que você pode comparar ao exoesqueleto de uma formiga.

a)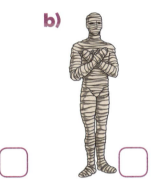

b) ☐

c)

Ilustrações: Eduardo Belmiro

3 A ilustração ao lado mostra uma planta com alguns invertebrados. Observe a imagem e responda às questões.

Museu de História Natural, Londres

a) A imagem apresenta o processo de transformação que ocorre no ciclo de vida de uma mariposa. Que processo é esse?

_____

b) Quais figuras ajudaram você a responder à questão anterior?

_____

_____

_____

_____

Ilustração feita por Maria Sibylla Merian (1647-1717), publicada originalmente no livro _Metamorphosis insectorum Surinamensium_, 1705.

Todos contra o *Aedes aegypti*

Nesta unidade vimos exemplos de diversos animais invertebrados. Dentre os insetos está um dos mais comentados em diversas regiões do Brasil, o mosquito *Aedes aegypti*. Esse mosquito é famoso porque pode transmitir os vírus que provocam as doenças **dengue**, **febre amarela**, **zika** e ***chikungunya***.

Para a população em geral, a dengue e a febre amarela são as doenças mais graves, pois podem causar hemorragias e levar à morte. Seus sintomas são, entre outros, manchas e dores pelo corpo, dor nos olhos e febre. Os sintomas da *chikungunya* são mais leves que os da dengue, e os sintomas da zika ainda mais brandos que os da *chikungunya*. Contudo, para as gestantes, a zika é igualmente preocupante, pois pode causar malformação no bebê, a microcefalia.

Uma das formas de evitar essas doenças é combater o mosquito transmissor. Sabemos que ele se reproduz em locais com água limpa e parada; então, podemos tomar uma série de atitudes para impedir sua reprodução perto de nossa casa. Observe as imagens a seguir.

Mantenha caixas-d'água bem tampadas.

Piscinas devem ser limpas e cloradas.

Encha os pratinhos dos vasos de planta com areia.

Ilustrações: Lucas Busatto

Mantenha sacos de lixo bem fechados.

Coloque telas nas janelas.

Use repelente contra mosquitos.

1 Pesquise qual é a finalidade de cada prática demonstrada e discuta-as com o professor e os colegas.

BRINCANDO

1 Quantos animais! Não será fácil, mas tente encontrar três invertebrados no meio deles.

Ilustra Cartoon

O organismo funciona em conjunto

Apesar de termos vários órgãos no corpo humano, eles não funcionam separadamente. Ao contrário, para o organismo funcionar de forma adequada, eles têm de exercer suas funções em conjunto. Veja um exemplo com o ato de comer e digerir um alimento.

Os órgãos dos sentidos avisam o cérebro de que o organismo vai receber alimento.

A boca começa a salivar, primeira etapa da digestão, e nela ocorre a mastigação.

O estômago se prepara antes e depois que o alimento chega, liberando substâncias que fazem a digestão.

Na região do tórax estão o coração e os pulmões. Os nutrientes absorvidos do alimento ingerido vão para o sangue, e o coração o bombeia por todo o corpo. O pulmão recebe o oxigênio do ar e repassa ao sangue, que também leva esse gás para todo o corpo e nos mantêm vivos.

Chris Rout/ Alamy/ Fotoarena

Para que o organismo funcione de forma adequada devemos ter hábito saudáveis e boa alimentação.

Organização do corpo humano

O corpo humano é organizado em estruturas básicas e também em estruturas mais complexas. O nível mais básico do corpo é a célula. O corpo é formado por trilhões de células.

De acordo com o nível de complexidade, o corpo humano é organizado em células, tecidos, órgãos, sistemas e organismo.

Veja a imagem a seguir.

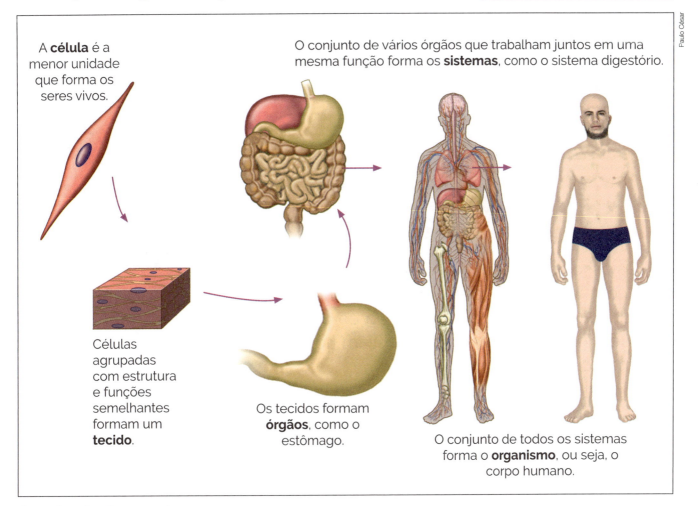

Representação simplificada em cores--fantasia e tamanhos sem proporção.

A **célula** é a menor unidade que forma os seres vivos.

Células agrupadas com estrutura e funções semelhantes formam um **tecido**.

Os tecidos formam **órgãos**, como o estômago.

O conjunto de vários órgãos que trabalham juntos em uma mesma função forma os **sistemas**, como o sistema digestório.

O conjunto de todos os sistemas forma o **organismo**, ou seja, o corpo humano.

Paulo César

Organização do corpo humano.

A menor unidade estrutural e funcional de um ser vivo é a **célula**. O agrupamento de células constituem um **tecido**, que compõem os **órgãos** e, por fim, os **sistemas**.

Um organismo é constituído por diferentes sistemas que funcionam de forma integrada e regulada.

Os sistemas dependem uns dos outros e todos são importantes, pois juntos são responsáveis por possibilitar a vida.

Aparelho locomotor

O aparelho locomotor é responsável pelos movimentos e pela sustentação do corpo. Ele é formado pelo **sistema esquelético** e pelo **sistema muscular**.

Para nos locomover, utilizamos os ossos e os músculos, que estão conectados por ligamentos e tendões. A contração e o relaxamento dos músculos movimentam os ossos, é assim que movimentamos o corpo. Para mover o braço, dois músculos trabalham em conjunto, o bíceps e o tríceps. Quando um deles se contrai, o outro relaxa.

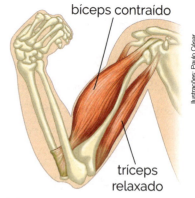

bíceps contraído

tríceps relaxado

Ilustrações: Paulo César

O braço pode ficar dobrado ou levantado porque o bíceps se contrai e o tríceps relaxa.

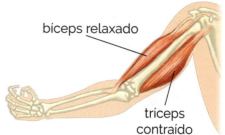

bíceps relaxado

tríceps contraído

O braço pode ficar esticado ou abaixado porque o tríceps se contrai e o bíceps relaxa.

Sistema esquelético

Os ossos são estruturas duras, resistentes e com formatos e tamanhos bem variados. Eles sustentam e dão forma ao corpo, protegem os órgãos internos e auxiliam nos movimentos.

O conjunto de todos os ossos e cartilagens do corpo forma o esqueleto.

Os ossos estão unidos uns aos outros pelas **articulações**, que podem ser **móveis**, como as das pernas e pés, ou **fixas**, como as dos ossos do crânio.

Representações simplificadas em cores-fantasia e tamanhos sem proporção.

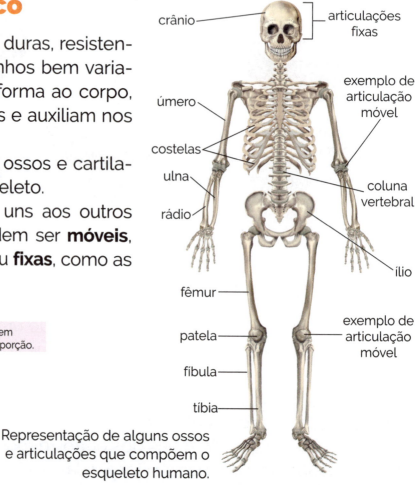

crânio

articulações fixas

exemplo de articulação móvel

úmero

costelas

ulna

rádio

coluna vertebral

ílio

fêmur

exemplo de articulação móvel

patela

fíbula

tíbia

Representação de alguns ossos e articulações que compõem o esqueleto humano.

126

Sistema muscular

O sistema muscular é composto de músculos relacionados ao aparelho locomotor. Junto com os ossos, os músculos dão forma ao corpo e atuam no movimento dos órgãos internos.

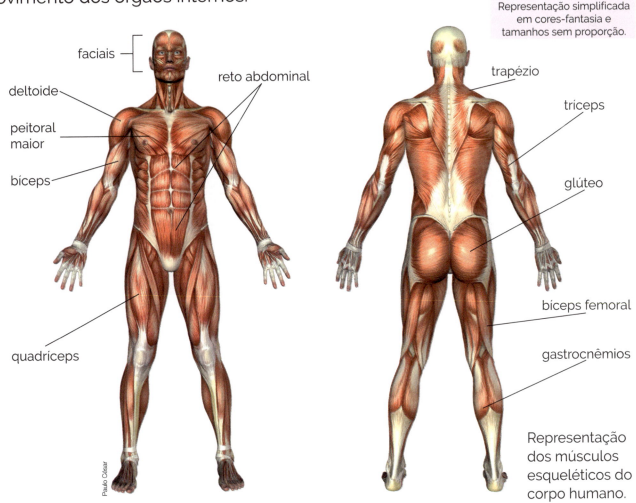

Representação simplificada em cores-fantasia e tamanhos sem proporção.

faciais

deltoide

peitoral maior

bíceps

reto abdominal

quadríceps

trapézio

tríceps

glúteo

bíceps femoral

gastrocnêmios

Representação dos músculos esqueléticos do corpo humano.

Paulo César

Os músculos podem ser de três tipos: estriado esquelético, estriado cardíaco e liso.

- Os **músculos estriados esqueléticos** estão relacionados ao movimento e à postura do corpo. São eles que possibilitam a locomoção. Podem ser contraídos voluntariamente, ou seja, movimentam-se de acordo com nossa vontade.

- O **músculo estriado cardíaco** é o tecido que forma o coração, responsável pelos batimentos cardíacos. Seu movimento é involuntário, ou seja, não conseguimos controlar a contração.

- Os **músculos lisos** formam várias estruturas do corpo, como o estômago, o intestino etc. Sua contração também é involuntária.

ATIVIDADES

1 Complete a frase.

A _____ é a menor unidade estrutural dos seres vivos. Um conjunto de células forma um _____. Os tecidos formam os _____. Um conjunto de órgãos com funções semelhantes forma um _____. O conjunto de todos os sistemas forma o _____ ou corpo.

2 Responda de que modo os ossos e os músculos atuam juntos na movimentação do corpo humano.

_____

_____

_____

3 Relacione as colunas.

1 músculos

2 esqueleto

3 articulações

☐ Sustenta e dá forma ao corpo.

☐ Pontos de contato entre os ossos.

☐ Promovem o movimento do corpo por meio de contração e relaxamento.

4 Identifique o tipo de músculo e assinale a alternativa correta.

a) É responsável pelo movimento e pela postura do corpo.

☐ estriado cardíaco   ☐ liso   ☐ estriado esquelético

b) Promove os batimentos do coração.

☐ estriado cardíaco   ☐ liso   ☐ estriado esquelético

c) Possibilita o movimento dos órgãos internos.

☐ estriado cardíaco   ☐ liso   ☐ estriado esquelético

Os sistemas são integrados

Apesar de estudarmos cada sistema separadamente, a saúde de nosso corpo depende do bom funcionamento de todos eles de forma integrada.

A energia que o corpo precisa para as atividades, por exemplo, é obtida pelo trabalho unificado de três sistemas: o **sistema digestório**, que obtém os nutrientes dos alimentos; o **sistema cardiovascular**, que distribui nutrientes e gás oxigênio pelo corpo por meio do sangue; e o **respiratório**, que realiza as trocas gasosas.

Sistema digestório

A obtenção de energia começa quando nos alimentamos e o sistema digestório entra em ação. Ele é responsável pela digestão dos alimentos.

O processo de digestão quebra os alimentos em partes bem pequenas, os nutrientes, que são absorvidos no intestino e levados a todo o corpo pelo sistema cardiovascular por meio do sangue.

Muitos órgãos participam da digestão. Ela começa na boca, com a mastigação pelos dentes, passa pela faringe, pelo esôfago, estômago e intestino delgado. Ao longo do caminho, sucos digestivos ajudam a quebrar o alimento em partículas cada vez menores. No intestino grosso, a parte que não foi aproveitada é transformada em fezes, que são eliminadas pelo ânus.

Representação simplificada em cores-fantasia e sem escala.

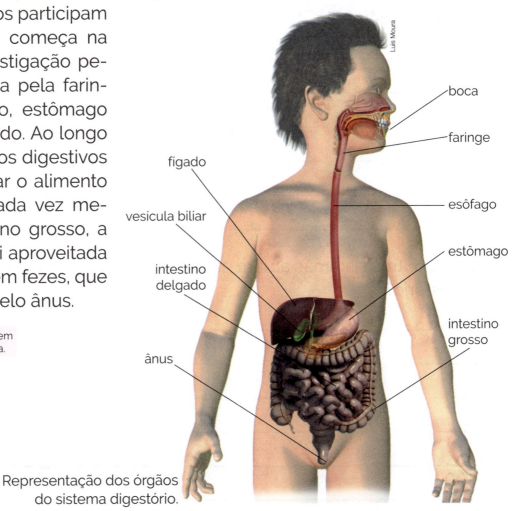

Luis Moura

boca

faringe

fígado

esôfago

vesícula biliar

estômago

intestino delgado

intestino grosso

ânus

Representação dos órgãos do sistema digestório.

ATIVIDADES

1 Marque com **X** os órgãos do sistema digestório.

◯ coração   ◯ fígado

◯ pulmões   ◯ intestino

◯ estômago   ◯ rins

2 De onde vem a energia necessária ao corpo, obtida pela digestão?

_____

_____

_____

3 O que é digestão?

_____

_____

_____

_____

_____

_____

4 Quais outros sistemas atuam na obtenção de energia junto com o sistema digestório?

_____

_____

_____

_____

_____

Sistema cardiovascular

O coração e os vasos sanguíneos são os órgãos do sistema cardiovascular. Esse sistema é responsável pela circulação do sangue, um material líquido que transporta gás oxigênio e nutrientes para todo o corpo e retira dele substâncias nocivas.

No corpo humano circula sangue com concentrações diferentes de gás oxigênio e gás carbônico. O sangue rico em gás oxigênio – indicado na ilustração pelos vasos coloridos em vermelho – sai dos pulmões e é bombeado pelo coração. Ele leva o sangue oxigenado para todos os órgãos do corpo. Os vasos representados na cor azul levam o sangue rico em gás carbônico de volta aos pulmões, onde esse gás é liberado para fora do corpo por meio da respiração.

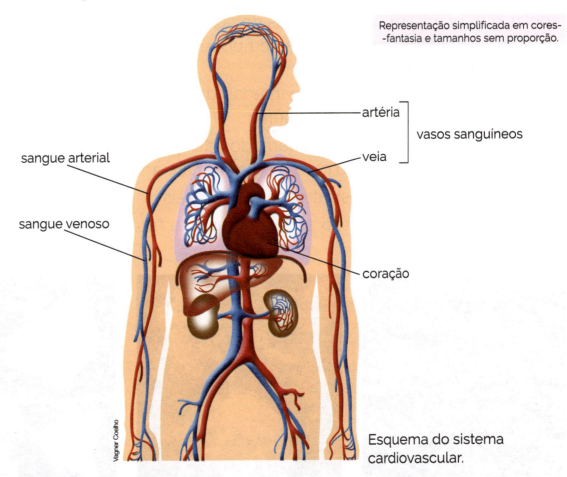

Representação simplificada em cores-fantasia e tamanhos sem proporção.

sangue arterial

sangue venoso

artéria

veia

vasos sanguíneos

coração

Vagner Coelho

Esquema do sistema cardiovascular.

Coração

O **coração** é um órgão muscular que promove a circulação do sangue pelos vasos sanguíneos de todo o corpo por meio dos batimentos cardíacos. Ele fica no meio do tórax, entre os pulmões, e é protegido pelas costelas. O músculo cardíaco, quando contrai e relaxa, bombeia o sangue para todo o corpo.

Vasos sanguíneos

Os **vasos sanguíneos** são tubos que transportam o sangue por todo o corpo. Podem ser de três tipos: artérias, veias e capilares.

- **Artérias**: transportam sangue do coração para todo o corpo.
- **Veias**: trazem o sangue do corpo para o coração.
- **Capilares**: conduzem nutrientes e gás oxigênio para as células do corpo e recolhem gás carbônico e outras substâncias a serem eliminadas.

O sangue

O **sangue** é formado de células e um líquido chamado plasma. É o sangue que transporta para as células o gás oxigênio e os nutrientes e recolhe as substâncias que precisam ser removidas do corpo.

Além do plasma, os principais componentes do sangue são: hemácias, leucócitos e plaquetas.

- As **hemácias**, também chamadas de glóbulos vermelhos, são células que transportam o gás oxigênio.
- Os **leucócitos**, também chamados de glóbulos brancos, são células de defesa do organismo contra agentes causadores de doenças.
- As **plaquetas** são estruturas responsáveis pela coagulação do sangue.

Quando nos ferimos, são as plaquetas que fazem com que o machucado pare de sangrar.

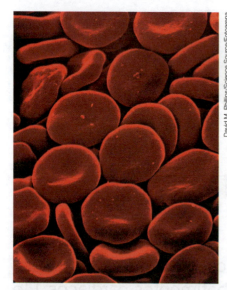

Hemácias vistas com microscópio. Ampliação de 3500 vezes.

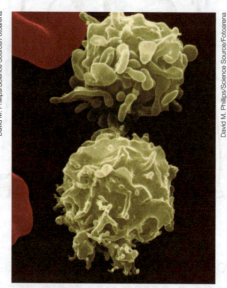

Leucócitos vistos com microscópio. Ampliação de 5600 vezes.

Plaquetas vistas com microscópio. Ampliação de 4800 vezes.

Criando um estetoscópio

Material:

- funil pequeno;
- fita adesiva;
- tesoura;
- mangueira fina de borracha ou plástico com 50 cm de comprimento;
- 1 balão de festa (bexiga);
- relógio ou cronômetro.

Modo de fazer

1. Encaixe o funil na mangueira e prenda-o com fita adesiva.
2. Corte a ponta do balão e coloque o fundo dele sobre o funil. Estique bem o balão e prenda-o com fita adesiva.
3. Junte-se a um colega, e escreva o nome dele na tabela abaixo. Encoste o funil no peito dele e coloque a outra ponta da mangueira na sua orelha.
4. Escute os batimentos cardíacos, conte-os por 30 segundos e anote o total na tabela.
5. Peça a seu colega que pule por 1 minuto.
6. Escute novamente os batimentos cardíacos dele, conte-os por 30 segundos e anote também o total.

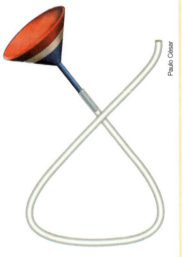

Paulo César

Exemplo de montagem do estetoscópio.

Nome do colega	Batimento cardíaco antes do exercício	Batimento cardíaco após o exercício

Agora responda:

1 O que aconteceu com os batimentos cardíacos após o exercício?

_____

_____

ATIVIDADES

1 Complete a frase.

O sistema _____ promove a circulação do _____,
levando gás _____ e _____ para todo o corpo.

2 Que órgãos formam o sistema cardiovascular?

_____

3 Complete a tabela com as funções dos componentes do sistema cardiovascular indicados a seguir.

Parte	Função
sangue	
coração	
vasos sanguíneos	

4 Identifique a que tipo de componente do sangue cada frase se refere.

a) Estruturas responsáveis pela coagulação do sangue.

_____

b) Células que transportam o gás oxigênio.

_____

c) Células de defesa do organismo contra agentes causadores de doenças.

_____

Sistema respiratório

O sistema respiratório é formado por nariz, faringe, laringe, traqueia, brônquios, bronquíolos e pulmões. Esse sistema é responsável pela entrada do gás oxigênio no corpo e pela eliminação do gás carbônico produzido pelas células do organismo.

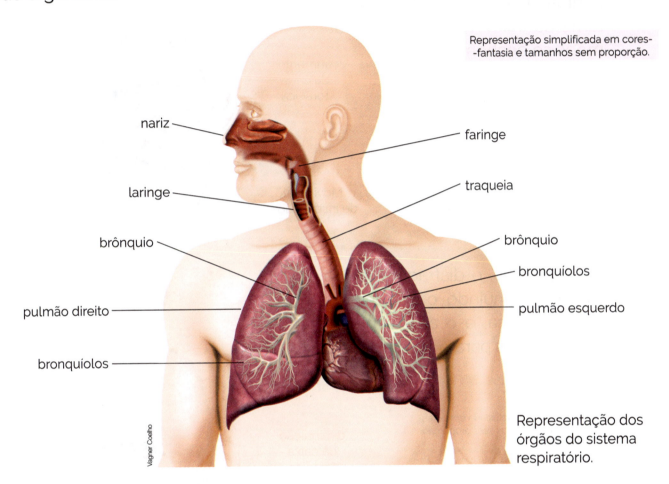

Representação simplificada em cores-fantasia e tamanhos sem proporção.

nariz

faringe

laringe

traqueia

brônquio

brônquio

bronquíolos

pulmão direito

pulmão esquerdo

bronquíolos

Vagner Coelho

Representação dos órgãos do sistema respiratório.

O ar entra pelo **nariz**, onde os pelos e o muco o filtram e retêm dele uma série de partículas e impurezas, e segue pela **faringe** até chegar à **laringe**. Depois passa pela **traqueia** e vai para os brônquios, que o conduzem até os **bronquíolos** e, finalmente, aos **pulmões**.

A respiração é essencial à vida. É o oxigênio obtido na respiração que, junto com os nutrientes, possibilita a obtenção de energia para sobrevivermos e realizarmos todas as atividades diárias.

Quando fazemos exercícios físicos, nosso coração pulsa mais rápido e bombeia mais sangue para os músculos. Na obtenção de energia, o sangue também precisa receber mais oxigênio para levar às células, e é por isso que nossa respiração acelera quando praticamos esportes.

A respiração

A respiração envolve dois movimentos principais: inspiração e expiração. Esses movimentos ocorrem por ação de um músculo localizado entre o **tórax** e o **abdome**: o **diafragma**.

- Na inspiração, o diafragma se contrai (desce), aumentando o volume da **caixa torácica**, e os pulmões se enchem de ar.

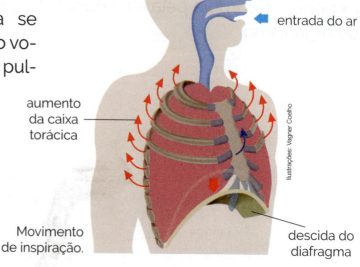

entrada do ar

aumento da caixa torácica

descida do diafragma

Movimento de inspiração.

- Na expiração, o diafragma relaxa (sobe), diminuindo o volume da caixa torácica, e o ar é expelido dos pulmões para o ambiente.

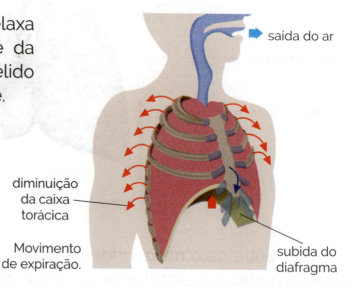

saída do ar

diminuição da caixa torácica

subida do diafragma

Movimento de expiração.

Representação simplificada em cores-fantasia e tamanhos sem proporção.

Ilustrações: Vagner Coelho

A Z GLOSSÁRIO

Abdome: parte inferior do tronco, que vai do tórax à pelve.

Caixa torácica: espaço ocupado pelas costelas, entre o osso esterno e a coluna vertebral. Contém os pulmões e o coração.

Tórax: parte superior do tronco, que vai do pescoço ao abdome.

As trocas gasosas ocorrem nos pulmões. Nesses órgãos, o gás oxigênio do ar passa para o sangue, que o distribui pelo resto do corpo. Do mesmo modo, o gás carbônico do sangue passa para os pulmões e, por meio da expiração, é liberado para o ambiente.

ATIVIDADES

1 Qual é a função principal da respiração?

_____

_____

_____

2 Numere de 1 a 6 a trajetória do ar dentro do corpo.

☐ laringe   ☐ faringe   ☐ brônquios

☐ nariz   ☐ traqueia   ☐ bronquíolos

3 Assinale as frases corretas com **X**.

☐ A respiração envolve dois movimentos: inspiração e expiração.

☐ Na expiração o ar enche os pulmões.

☐ O gás eliminado na respiração é o gás carbônico.

☐ O gás carbônico do sangue passa para os pulmões e é liberado para o ambiente.

☐ A troca de oxigênio por gás carbônico acontece no nariz.

4 Complete as frases com os termos do quadro para explicar o que ocorre no corpo durante os movimentos respiratórios.

| sobe | desce | entra | sai | diminui | aumenta |

a) Na inspiração o ar _____ no corpo, a caixa torácica _____ e o diafragma se contrai (_____).

b) Na expiração o ar _____ do corpo, a caixa torácica _____ e o diafragma relaxa (_____).

Verificando a respiração

Material:
- fita métrica.

Modo de fazer

1. Forme dupla com um colega.
2. Cada um vai tirar medidas do outro, na altura do tórax.
3. A primeira medida deve ser tirada após o colega expirar todo o ar dos pulmões.
4. O aluno que expirou ar deve prender a respiração, para que então seja feita a medida.
5. Em seguida, ele deve inspirar o máximo de ar que puder e prender a respiração novamente, para que o colega faça a medida do tórax.

Observe a representação de como deve ser feita a medição.

6. O colega então mede novamente o parceiro, na mesma altura em que tirou a primeira medida.
7. Anote ambas as medidas na tabela abaixo.

Nome do aluno	Medidas do tórax (em centímetros)	
	Após expiração	Após inspiração

Agora, discuta seus resultados com os colegas e o professor.

1 Em qual situação a medida do tórax foi maior?

2 Explique a diferença nas medidas.

1 Qual é o órgão representado no centro do labirinto? Para saber o que cada criança respondeu, siga o caminho e faça a correspondência dos números com as letras do alfabeto, considerando a ordem delas.

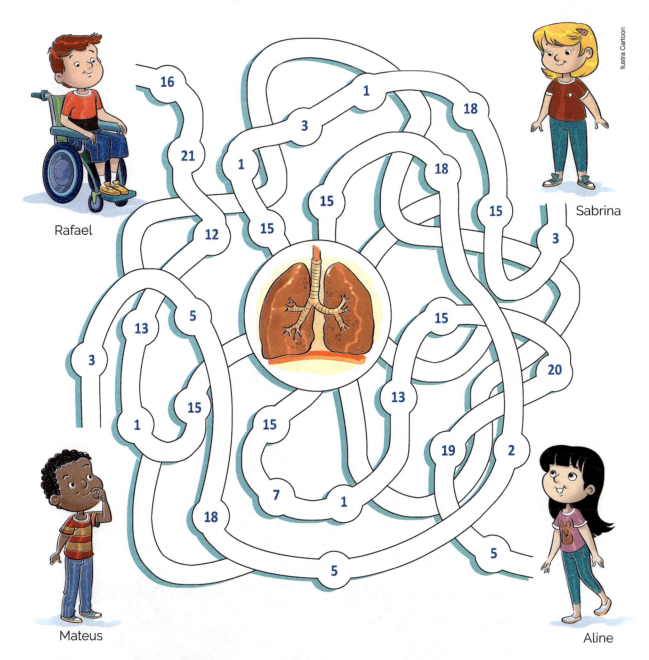

Rafael

Sabrina

Mateus

Aline

Ilustra Cartoon

■ O que cada criança respondeu? Quem acertou?

_____

_____

Para ter uma vida saudável

A conquista de uma vida saudável não se resume a uma única atitude, mas, sim, a uma série de práticas que devem ser seguidas. Para isso, deve haver a busca constante de informações atualizadas sobre o assunto.

Pense na alimentação, por exemplo. Antigamente, as pessoas apenas matavam a fome, mas hoje sabe-se que é preciso pensar na inclusão de alimentos variados nas refeições, estar sempre atento à higiene no preparo, evitar produtos muito industrializados e, sempre que possível, tentar saber quais são os benefícios de cada alimento. Veja alguns desses benefícios a seguir.

As frutas contêm açúcar, vitaminas e sais e minerais.

Alimentos ricos em proteínas – como ovos, peixes, feijão – são necessários para o crescimento.

Grãos e sementes contêm carboidratos, fontes da energia de que o corpo precisa.

Verduras e legumes são valiosas fontes de vitaminas e sais minerais.

artem evdokimov/Shutterstock.com

Exemplos de alimentos que compõem uma dieta rica em nutrientes.

140

Tipos de alimento

Os alimentos podem ter origens diferentes.

- Alimentos de **origem animal** são obtidos dos animais, como ovos, carne e leite.
- Alimentos de **origem vegetal** são obtidos das plantas, como sementes, frutas, hortaliças e raízes.
- Alimentos de **origem mineral** são obtidos de matéria não viva, como sal e água.

Os nutrientes e nosso corpo

Precisamos consumir diariamente alimentos variados, para assim ingerirmos as diversas substâncias necessárias ao bom funcionamento do corpo.

Essas substâncias são os **nutrientes**, que fornecem energia para o corpo funcionar e participam do desenvolvimento e da manutenção do organismo.

Os nutrientes podem ser classificados em carboidratos, lipídios, proteínas, vitaminas e sais minerais.

Carboidratos fornecem energia ao organismo. Se consumidos em excesso, essa energia fica armazenada como gordura no corpo. Exemplos de alimentos ricos em carboidratos são arroz, batata, mandioca, doces, massas e pães.

Os **lipídios** correspondem aos óleos e às gorduras. Eles também fornecem energia para o organismo, ajudam-no a realizar várias atividades como transportar algumas vitaminas e fazem parte de algumas estruturas do organismo. Em excesso, os lipídios são armazenados no corpo. Exemplos de alimentos ricos em lipídios são manteiga, óleos, azeites, frituras, algumas carnes e amendoim.

Evgenia Sh./Shutterstock.com

Exemplos de alimentos ricos em carboidratos.

Anselmo Jr.

Exemplos de alimentos ricos em lipídios.

As **proteínas** conferem elementos estruturais, que formam o corpo dos organismos; por isso, são essenciais para o crescimento e desenvolvimento do organismo. Algumas proteínas também participam de diversas atividades vitais como o transporte de oxigênio no corpo. Exemplos de alimentos ricos em proteínas são carnes, leite, queijo, soja, feijão e lentilha.

Exemplos de alimentos ricos em proteínas.

Vitaminas e **sais minerais** são nutrientes fundamentais para o funcionamento do organismo. A falta deles pode causar diversas doenças. Os alimentos ricos em vitaminas e sais minerais são frutas, verduras, legumes, leite e seus derivados.

Exemplos de alimentos ricos em vitaminas e sais minerais.

 SAIBA MAIS

Fibras na alimentação

As fibras são um tipo diferente de carboidrato. Elas não são digeridas pelo organismo, mas seu consumo é muito importante para o bom funcionamento do intestino.

As fibras podem ser encontradas em alimentos de origem vegetal, como frutas, verduras, legumes e cereais.

Alimentos ricos em fibras.

ATIVIDADES

1 Complete as frases com as palavras corretas.

a) A alimentação é importante para a obtenção da _____ e dos

_____ de que necessitamos para viver e crescer.

b) Os alimentos podem ser de origem _____, _____

ou _____.

2 Dê três exemplos de cada grupo de alimentos.

a) proteínas

_____

_____

b) carboidratos

_____

_____

c) lipídios

_____

_____

d) vitaminas e sais minerais

_____

_____

3 Observe a refeição mostrada na imagem e identifique os principais alimentos em que estão presentes os nutrientes apontados.

diogoppr/Shutterstock.com

a) carboidratos: _____

b) proteínas: _____

c) vitaminas e sais minerais: _____

_____

d) lipídios: _____

Alimentação saudável

A alimentação saudável deve conter todos os tipos de nutriente de que necessitamos, nas quantidades adequadas para a fase da vida em que estamos, considerando também nossas condições de saúde, situações especiais e as atividades físicas que praticamos.

Para isso, devemos ter uma dieta equilibrada, rica em alimentos frescos, como frutas, legumes e verduras. Os alimentos naturais contêm fibras, vitaminas e minerais essenciais. Os carboidratos devem ser integrais, e os lipídios de boa qualidade, como azeite de oliva, nozes e castanhas. As proteínas devem ser, preferencialmente, de carne bovina com pouca gordura, frango, peixe, leite e ovos.

Sugestão de café da manhã saudável.

Sugestão de almoço saudável.

Sugestão de lanche da tarde saudável.

Também é fundamental beber água potável para manter o corpo hidratado, especialmente em dias quentes ou muito secos.

Alguns alimentos devem ser evitados ou consumidos com moderação, principalmente os muito gordurosos, como frituras e salgadinhos, além de muito doces e guloseimas fabricadas nas indústrias.

Para uma vida saudável, além do controle da alimentação, é muito importante ter uma vida ativa, que inclua atividades físicas.

Valorize seu corpo e cuide dele

As pessoas têm diferentes características físicas. Umas são mais altas, outras, mais baixas; algumas são mais musculosas, outras, menos; umas são naturalmente bem magras, e outras mais gordinhas. Há ainda pessoas que perderam algum membro do corpo ou se locomovem em cadeira de rodas.

Basta olhar em volta para notar que há grande diversidade entre as pessoas, e isso torna o mundo interessante!

As pessoas que aparecem na televisão ou nas revistas são apenas um modelo de beleza entre tantos outros. E todos devem ser valorizados.

A obsessão por um corpo idealizado pode muitas vezes induzir a atitudes que prejudicam a saúde da pessoa, principalmente se não houver acompanhamento de um especialista.

Por esse motivo, é importante admirar seu corpo e cuidar bem dele. Assim você previne doenças e melhora seu bem-estar.

O respeito às diferenças contribui para o bem-estar físico e mental.

ATIVIDADES

1. Pinte de **verde** os quadradinhos que correspondem às frases que completam de maneira correta os enunciados, e de **vermelho** os quadradinhos que correspondem às frases que os completam de maneira incorreta.

a) Em uma alimentação saudável deve haver...

☐ todos os tipos de nutrientes nas quantidades adequadas.

☐ doces, frituras e salgadinhos processados.

☐ alimentos frescos como frutas, legumes e verduras.

b) Numa dieta equilibrada...

☐ deve-se consumir muitos lipídios, como a manteiga.

☐ os carboidratos devem ser integrais.

☐ as proteínas devem ser, preferencialmente, carnes bovinas magras, frango, peixes, leite e ovos.

c) Além de alimentar-se de maneira adequada, é importante para a saúde...

☐ beber refrigerantes.

☐ beber água pura e potável.

☐ praticar atividades físicas.

2. Desvende o enigma e descubra um modo de viver com bem-estar. Para isso, ordene apenas os números múltiplos de 5 em ordem crescente.

LE!	DES	DE	SEU	NUTRI	VALO	JÁ	PO
50	32	40	15	21	5	14	25

COR	CAD	RIZE	REA	VOL	CUI	E	DE
20	18	10	47	9	35	30	45

Já para dentro da cozinha!

A maioria das crianças normalmente entra na cozinha apenas na hora das refeições, quando a comida está pronta. Mas você já pensou na possibilidade de ficar um pouco mais próximo desse ambiente tão importante para sua vida?

Cozinhar pode se tornar uma brincadeira divertida para você e para o adulto ao seu lado. (Sim, porque é preciso ter sempre um adulto por perto!) Ao observar como se preparam os alimentos e oferecer ajuda, você certamente entenderá a importância desse momento.

Você ainda não poderá mexer com facas e utilizar o fogão, pois isso pode provocar acidentes. Porém, há muitas coisas a fazer para participar do preparo das refeições das pessoas de casa. Veja algumas sugestões.

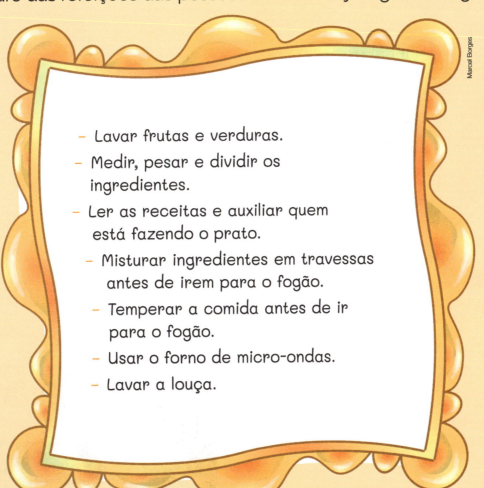

Marcel Borges

- Lavar frutas e verduras.
- Medir, pesar e dividir os ingredientes.
- Ler as receitas e auxiliar quem está fazendo o prato.
- Misturar ingredientes em travessas antes de irem para o fogão.
- Temperar a comida antes de ir para o fogão.
- Usar o forno de micro-ondas.
- Lavar a louça.

Prevenção de acidentes

Há riscos de acidente em toda parte, mesmo dentro de casa ou na escola. Eles podem ocorrer por falta de cuidado ou por distração.

Veja alguns cuidados importantes para evitar os acidentes mais comuns.

- Não mexa em fogões, álcool ou qualquer outro material inflamável ou que possa explodir.
- Não toque em tomadas e fios descobertos. Você pode levar choque.
- Nunca empine pipa perto de redes elétricas.
- Nunca mexa com facas, tesouras de ponta e outros objetos cortantes e pontiagudos.
- Evite entrar no mar, em lagos, rios e piscinas sem a presença de um adulto.
- Se não souber nadar, nunca entre na piscina ou no mar sem boia.
- Não coloque na boca produtos de limpeza ou qualquer outra substância que você não conheça.
- Sente-se sempre no banco de trás dos veículos e use cinto de segurança ou cadeirinha, de acordo com sua idade.

Objetos cortantes e pontiagudos como facas só devem ser manuseados por adultos.

Desde 2008, no Brasil, o uso de cadeirinhas no carro tornou-se obrigatório para crianças de até 10 anos de idade.

ATIVIDADES

1 Em cada situação descrita a seguir, sobre riscos de acidente, escreva **C** se estiver correta, ou **E** se estiver errada.

☐ Segurar um litro de álcool próximo de fogão aceso.

☐ Pegar em um fio desencapado.

☐ Entrar na piscina usando boia e na companhia de um adulto.

☐ Beber um produto encontrado em casa que você não sabe o que é.

☐ Usar a cadeirinha ou o cinto de segurança sempre que andar de carro, dependendo da sua idade.

2 Assinale no quadro os riscos relacionados a cada situação.

	Queimar-se	Cortar-se	Tomar choque	Sofrer o impacto de uma batida
Usar uma faca.				
Empinar pipa perto de rede elétrica.				
Andar de carro sem cinto ou cadeirinha.				
Manusear panelas no fogão.				

3 Marque o número da atitude correta em cada situação.

1. Passar protetor solar.

2. Pedir ajuda a um adulto.

3. Não se debruçar sobre a janela ou varanda do prédio.

a) Você foi visitar seu amigo que mora em edifício.

b) Você foi caminhar na rua em um dia ensolarado.

c) Você vai tomar o remédio recomendado pelo médico.

Prevenção de doenças

As doenças surgem por diversos motivos, inclusive por causa de microrganismos e **parasitas** que entram em nosso corpo.

Eles podem estar presentes em todos os ambientes: ar, solo, água, utensílios, roupas e até na boca, mãos ou outras partes do corpo dos seres humanos e animais.

Por isso, as doenças podem ser transmitidas por meio de objetos contaminados ou de um indivíduo doente para outro sadio.

Uma maneira de prevenir doenças é lavar sempre as mãos com água e sabão quando chegar da rua, antes das refeições e após ir ao banheiro. Desse modo, os microrganismos que podem estar nas mãos são eliminados.

GLOSSÁRIO

Parasita: organismo que vive em outros organismos e deles obtém alimento, muitas vezes com prejuízos ao organismo que o hospeda.

Lavar as mãos com água e sabão ajuda a prevenir várias doenças.

A vacinação é importante!

Outra forma eficiente de evitar doenças é a vacinação.

A vacina é produzida com o microrganismo causador da doença, porém morto, enfraquecido ou, ainda, apenas fragmentos dele. Ela estimula o corpo a criar defesas contra a doença, sem o risco de desenvolvê-la.

Assim, quando o microrganismo entrar em contato com o corpo, a defesa contra ele já estará lá.

As vacinas previnem diversas doenças, causadas principalmente por vírus e bactérias.

Menina toma vacina durante campanha de vacinação contra o sarampo e a poliomielite (paralisia infantil) na Unidade Básica de Saúde São Vicente de Paula, no bairro do Ipiranga, na capital de São Paulo.

ATIVIDADES

1 Complete as frases marcando com **X** a continuação correta de cada uma delas.

a) Muitas doenças são causadas por...

☐ uma alimentação equilibrada.

☐ microrganismos e parasitas.

b) Os microrganismos causadores de doenças podem estar...

☐ em ambientes sujos.

☐ em toda parte, incluindo o corpo de seres vivos.

c) As doenças podem passar...

☐ de uma pessoa (ou objeto) para outra pessoa.

☐ somente de uma pessoa doente para outra sadia.

2 Para prevenir doenças, em que momentos devemos lavar as mãos? Qual é a maneira correta de higienizá-las?

_____

_____

_____

_____

3 Explique de que modo as vacinas evitam doenças.

_____

_____

_____

_____

_____

_____

Previna-se contra a verminose

Você já deve ter ouvido falar dos vermes. Eles são parasitas que se instalam no interior do corpo de outro ser vivo, que é então chamado de hospedeiro. Do corpo do hospedeiro, os vermes retiram os nutrientes de que precisam para viver, causando muitos problemas à saúde do indivíduo parasitado. Esses parasitas causam doenças conhecidas como verminoses. Vamos ver as principais delas.

Amarelão

É causado pelo **ancilóstomo**, verme que se fixa no intestino humano e se alimenta do sangue do hospedeiro. A pessoa fica com a pele amarelada e pálida – daí o nome amarelão.

A transmissão ocorre pelos ovos que são eliminados nas fezes do indivíduo contaminado. As larvas do parasita eclodem dos ovos e penetram na pele da sola do pé de quem anda descalço ou senta em solo contaminado com os ovos.

Prevenção:

- andar sempre calçado;
- higienizar bem os alimentos e as mãos antes de se alimentar e após usar o banheiro;
- evitar que o solo seja contaminado com os ovos. Para isso, é necessária a instalação de sistemas sanitários para eliminação das fezes, especialmente nas zonas rurais (saneamento).

Foto do ancilóstomo obtida por microscópio. Aumento de 77 vezes.

Ascaridíase

É causada por um verme popularmente chamado **lombriga**, que também parasita o intestino dos seres humanos. A pessoa contaminada sente dores abdominais, diarreia e cansaço.

A transmissão ocorre por ingestão de ovos da lombriga em alimentos mal lavados, na água ou em mãos sujas de terra contaminada com os ovos.

Prevenção:

- beber sempre água filtrada ou fervida;
- lavar e cozinhar bem os alimentos;
- lavar cuidadosamente as mãos antes das refeições.

25 cm

Casal de lombrigas. O macho pode ser reconhecido por ter uma das pontas em forma de gancho.

Esquistossomose

É causada pelo **esquistossomo**. Os principais sintomas da doença são diarreia, sonolência e acúmulo de líquido na barriga, que fica inchada e dura.

A transmissão ocorre pela penetração das larvas do esquistossomo na pele. Isso acontece em lagos ou lagoas onde vive uma espécie de caramujo que abriga a larva em seu corpo, liberando-a depois para o ambiente.

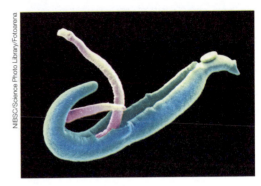

Casal de esquistossomos. A fêmea é menor e se abriga dentro do corpo do macho. Fotografia obtida por microscópio. Aumento de 45 vezes.

Prevenção:

- não entrar em contato com água contaminada, que possa conter o caramujo;
- não defecar próximo a rios e lagos.

Teníase

É causada pela **tênia**, que parasita o intestino humano.

Causa dores abdominais, diarreia e cansaço.

A transmissão ocorre pela ingestão de carne de boi ou de porco crua ou malcozida, contaminada com as larvas da tênia. A cisticercose é outra doença relacionada a esse parasita – porém, a transmissão ocorre por meio da ingestão acidental dos ovos.

Tênia.

Prevenção:

- Cozinhar bem a carne de porco ou de boi antes de consumi-la.

Oxiurose

É causada por um verme chamado **oxiúro**. Ele parasita o intestino humano e migra constantemente para a região anal, onde coloca ovos, causando intensa coceira. A infecção por esse verme também pode causar diarreia e dores abdominais.

A transmissão ocorre pela ingestão de alimentos e água contaminados com os ovos do verme.

Oxiúro. Fotografia obtida por microscópio. Aumento de 7 vezes.

Prevenção:

- lavar bem as mãos antes de comer e manter as unhas cortadas e limpas;
- consumir sempre água tratada ou fervida;
- lavar e cozinhar bem os alimentos.

ATIVIDADES

1 Relacione as doenças a seus sintomas.

1. Dores abdominais, diarreia e cansaço.

2. Pele amarelada e cansaço.

3. Barriga inchada e dores abdominais.

☐ amarelão

☐ esquistossomose

☐ ascaridíase

2 Pinte da mesma cor os retângulos das doenças e suas respectivas formas de prevenção.

oxiurose	Não entrar em lagoas ou rios desconhecidos ou que tenham caramujos.
teníase	Cozinhar bem a carne de boi e de porco antes de comê-las.
ascaridíase	Lavar as mãos e manter as unhas sempre limpas e cortadas.
esquistossomose	Lavar e cozinhar bem os alimentos e beber água filtrada ou fervida.

3 O escritor Monteiro Lobato é famoso por suas histórias do Sítio do Picapau Amarelo. Entre outros personagens, criou Jeca Tatu, um caipira que vivia em condições precárias de higiene e estava sempre descalço. Ao ser examinado por um médico, Jeca Tatu foi identificado com os seguintes sintomas: cor amarelada da pele, fraqueza, cansaço e dores corporais.

a) Com base nos sintomas do Jeca Tatu, qual era a doença dele?

_____

b) Que medidas você recomendaria para que ele não tivesse novamente essa doença?

_____

1 Complete o diagrama de palavras escrevendo o nome dos agentes causadores das verminoses.

1. ascaridíase

2. teníase

3. ancilostomose

4. oxiurose

5. esquistossomose

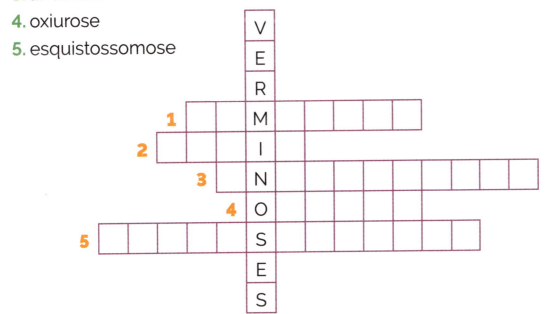

2 Encontre uma trilha entre as letras e forme a palavra que responde à pergunta abaixo. Dica: a trilha não é uma linha reta.

■ Qual é a forma de prevenção de doenças causadas por vírus ou bactérias e que consiste em reforçar as defesas do organismo?

R	E	M	E	J	K	Ç	A	D	E	R	F	H	U
D	E	R	I	V	A	W	Q	S	E	R	T	I	U
K	O	L	P	E	F	C	A	T	I	V	Q	K	W
E	Q	K	J	U	P	N	I	N	D	I	C	O	X
N	E	W	A	R	Q	N	E	P	S	R	T	O	L
D	R	G	O	T	B	A	N	A	M	A	Ç	Ã	O
E	I	I	U	P	L	K	Ç	Ã	O	S	T	I	Q
C	L	O	D	E	M	P	K	S	X	P	T	O	R

Energia ao nosso redor

O som, a luz e o calor são formas de energia. Diferentemente da matéria, as formas de energia não apresentam massa nem volume. Mas a energia constantemente interage com os materiais ao redor.

Agora, dê uma olhadinha pela janela da casa dessas três pessoas. Aponte onde você identifica a presença das formas de energia que vamos estudar: som, luz e calor.

Kau Bispo

Som

Observe o guarda de trânsito da imagem ao lado. Com seu apito ele produz diferentes sons que, juntamente com seus gestos, orientam os motoristas sobre o que fazer em um cruzamento movimentado: avançar ou ceder passagem.

Muitos animais, incluindo os seres humanos, emitem sons para se comunicar.

Os sons podem ser criados por instrumentos musicais diversos como forma de arte e lazer.

Guarda de trânsito.

Banda de música.

Cão uivando.

Propagação do som no ar

O som, assim como a luz e o calor, não ocupa lugar no espaço e não tem massa. É uma **onda**, um tipo de vibração que transfere **energia**.

Você já reparou no movimento da água ao jogar uma pedra nela? Ela se **propaga** em ondas ao redor do local de queda da pedra.

O som propaga-se de maneira semelhante, sempre em um meio material.

GLOSSÁRIO

Propagar: efeito de espalhar.

1. A água é matéria; uma pedra, por exemplo, é jogada na água,

2. em seguida, a matéria se movimenta formando ondas,

3. do mesmo modo, o som movimenta o ar (matéria) e se propaga em ondas.

Comparação entre formação de ondas no lago e propagação do som no ar por meio de ondas sonoras.

Som e audição

Percebemos o som com as orelhas. Elas conduzem o ar do ambiente até uma membrana chamada **tímpano**, localizada no seu interior.

A vibração do tímpano é transformada em impulso nervoso, que é transmitido até o cérebro através do **nervo auditivo**.

O cérebro é o órgão responsável por traduzir esse impulso nervoso em sensações sonoras.

O som sai do emissor e se propaga na matéria – no caso, o ar. Quando chega até o receptor, alcança estruturas como tímpano e nervo auditivo, que funcionam ao mesmo tempo para levar a mensagem ao cérebro. Este, enfim, interpreta a mensagem.

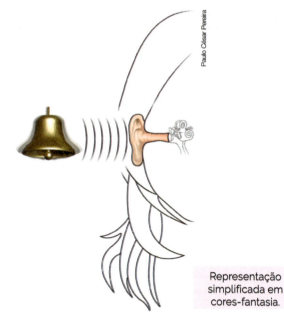

Representação simplificada em cores-fantasia.

Vibrações do sino chegando até a orelha.

Características do som

Podemos notar no dia a dia que conseguimos diferenciar várias propriedades do som. Por exemplo, podemos saber se ouvimos um som agudo ou grave, se o volume está alto ou baixo, se estamos ouvindo um violão ou um piano.

Veja a seguir algumas propriedades do som.

- **Velocidade** – o som pode ir de um ponto a outro de modo diferente dependendo do meio, como o ar. Isso interfere na velocidade do som. Ele pode se propagar com maior ou menor rapidez dependendo do material e do estado físico desse material. No estado sólido, por exemplo, a velocidade do som é maior do que em materiais líquidos ou gasosos.

O som se propaga com maior velocidade na água do que no ar. A mergulhadora irá ouvir nitidamente os sons emitidos pelo golfinho.

Nesse telefone de brinquedo, o som chega de forma clara de um ponto a outro porque o barbante funciona com um material sólido, pelo qual o som se propaga mais rapidamente.

- **Intensidade** – é o que chamamos de volume do som. Na fala cotidiana, quando falamos em volume, pensamos em som alto ou baixo, mas o ideal ao se referir à intensidade do som é utilizar os termos mais intenso ou menos intenso: sons intensos são chamados de sons fortes, enquanto sons de baixa intensidade são chamados de sons fracos.

O som de uma apresentação musical costuma ser intenso.

● **Altura** – sons altos são aqueles mais agudos. Os sons baixos, por sua vez, são aqueles mais graves. Por exemplo, o miado de um gato é um som mais alto (mais agudo) e o rugido de um leão é um som mais baixo (mais grave).

Na música lírica, a voz mais aguda feminina é chamada de soprano. Já a voz mais grave masculina é chamada de barítono.

● **Timbre** – o timbre do som é o que nos possibilita distinguir a natureza de sua fonte. Por exemplo, se um som se origina de um violão, de um cachorro latindo ou de uma campainha tocando. Cada emissor tem um timbre diferente.

Cada fonte sonora tem seu timbre característico. Por isso é que muitas vezes um colega de sala fala e você já sabe quem é mesmo sem olhá-lo.

 SAIBA MAIS

O silêncio completo

O som precisa de um meio material para se propagar. Como vimos, na superfície da Terra ele se propaga pelo ar de um emissor até um receptor. E onde não existe o ar? Então, nenhum som é ouvido.

Esse é o caso do espaço fora da Terra. Não existe atmosfera, então as ondas sonoras não se propagam.

No espaço o silêncio é completo; nem mesmo uma grande explosão será ouvida.

Escutar som muito alto pode causar perda irreversível da audição

Sons que estão presentes no dia a dia, como o de uma avenida movimentada, [...] podem provocar problemas no ouvido. Por isso, é importante protegê-lo e preservar a audição para evitar perda no futuro.

Falta de cuidados, muita exposição a som alto [...] e uso constante de fones de ouvido podem causar perda **irreversível** da audição, segundo a **otorrinolaringologista** Tanit Sanchez. O volume máximo pode causar prazer a algumas pessoas, mas de acordo com a pediatra Ana Escobar, essa sensação passa rapidamente e o que fica é a destruição das células auditivas.

Não se deve ouvir som em volume intenso usando fones de ouvido. Essa prática pode prejudicar a audição.

Essa audição perdida, seja por causa de ruídos fortes ou pelo envelhecimento, jamais será recuperada se as células auditivas tiverem morrido. Por isso, é importante utilizar os fones com moderação e não escutar música muito alta ou por muito tempo. [...]

Escutar som muito alto pode causar perda irreversível da audição. *G1*, Rio de Janeiro, 28 jun. 2012. Disponível em: http://g1.globo.com/bemestar/noticia/2012/06/escutar-som-muito-alto-pode-causar-perda-irreversivel-da-audicao.html. Acesso em: 3 abr. 2020.

GLOSSÁRIO

Irreversível: que não tem retorno, não pode voltar a ser como era.

Otorrinolaringologista: especialista médico que cuida da região das orelhas, nariz e garganta.

1 Discuta com os colegas em que situações vocês ficam expostos a sons de alta intensidade. Troquem ideias a fim de buscar soluções para o problema.

Produção de diferentes sons

Material:

- 4 latas de achocolatado vazias;
- tesoura com pontas arredondadas;
- 4 balões de festa (bexigas) número 9;
- grãos de milho de pipoca;
- fita adesiva.

Modo de fazer

1. Deixe uma lata vazia e coloque dentro das outras três diferentes quantidades de grãos de milho.

2. Corte o bico do balão de festa, deixando apenas a parte do fundo. Coloque-o no lugar da tampa da lata e prenda-o com fita adesiva.

3. Utilize uma colher ou um lápis para bater nos tambores e analisar os sons produzidos.

Materiais para o experimento.

Exemplo da montagem do experimento.

Agora, responda:

- Preste atenção no som que é produzido pelos tambores. A intensidade do som é igual em todos eles? Em qual a intensidade foi maior?

ATIVIDADES

1 Observe a situação a seguir. Quem escutou primeiro o som da carroça?

_____

_____

_____

_____

_____

2 Em muitos filmes de ficção científica vemos batalhas no espaço, com sons de explosões e naves voando. Considerando que não há ar no espaço, seria realmente possível escutar sons nele? Por quê?

_____

_____

3 Consulte a tabela abaixo, que relaciona o tempo máximo de exposição diária a cada nível de ruído de acordo com a legislação brasileira.

Tempo máximo de exposição diária	Nível de ruído
8 h	85 dB
4 h	90 dB
2 h	95 dB
1 h	100 dB
30 min	105 dB
15 min	110 dB

Fonte: Ministério da Saúde. *Perda auditiva induzida por ruído (Pair)*. Brasília, DF: Editora MS, 2006. Disponível em: http://bvsms.saude.gov.br/bvs/publicacoes/protocolo_perda_auditiva.pdf. Acesso em: 7 abr. 2020.

■ Considere dois modelos de liquidificador, um com nível de ruído de 83 dB e o outro de 92 dB, e responda: Qual dos modelos é mais adequado para proteger a audição de um cozinheiro ao longo dos anos? Explique.

Luz

A luz, assim como o som, é um tipo de energia e se propaga em ondas. Entretanto, diferente dele, ela não precisa de matéria para se propagar.

As fontes de luz podem ser naturais, como o Sol, ou artificiais, como as lâmpadas. É por causa da luz que enxergamos as cores e o formato dos objetos ao nosso redor.

O Sol é uma fonte natural de luz.

As lâmpadas são fontes de luz artificiais.

Satakorn/Shutterstock.com

Ezume Images/Shutterstock.com

 SAIBA MAIS

Relâmpagos e trovões

Os relâmpagos são fenômenos naturais que emitem luz, comuns em dias de tempestade. Eles ocorrem quando há troca de energia entre as nuvens e o solo, resultando em um clarão de luz. O deslocamento do ar durante essa troca também produz um som, o trovão.

Mas por que escutamos o trovão só depois de ver o relâmpago? Isso ocorre porque a luz é muito mais veloz do que o som; assim, a claridade do relâmpago chega a nossos olhos antes de o som chegar a nossos ouvidos.

ebettini/iStockphoto.com

Os relâmpagos são comuns em dias de tempestade.

Luz e matéria

A luz comporta-se de forma diferente de acordo com o tipo de material em que se propaga.

A luz atravessa materiais **transparentes** quase por completo, o que nos possibilita enxergar através deles.

Janela de vidro.

Os materiais **translúcidos** são atravessados parcialmente pela luz. A imagem que vemos através deles é pouco nítida.

Porta de vidro fosco.

Os materiais **opacos** não permitem que a luz os atravesse; portanto, não é possível enxergar através deles.

Porta de madeira.

Sombra

Quando a luz não atravessa o objeto, forma-se uma projeção dele do lado oposto à fonte de luz, chamada **sombra**. Isso ocorre porque os raios luminosos se movimentam em linha reta.

Observe, nas imagens ao lado, que o formato da sombra varia conforme a posição da fonte de luz em relação ao objeto.

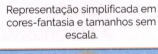
Representação simplificada em cores-fantasia e tamanhos sem escala.

Formação de sombra no fim da tarde.

Formação de sombra ao meio-dia.

Luz e visão

Só podemos enxergar os objetos quando há luz incidindo sobre eles. A luz refletida pelos objetos chega a nossos olhos e é transformada em sinais nervosos que vão até o cérebro, que então interpreta a imagem.

A luz branca é composta de diferentes cores. É possível observá-las na decomposição da luz que ocorre quando se forma um arco-íris. Quando chove, a luz do Sol pode passar pelas gotículas de chuva e se decompor nas diferentes cores.

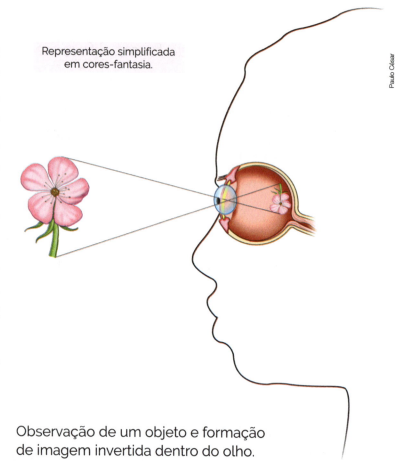

Representação simplificada em cores-fantasia.

Paulo César

Observação de um objeto e formação de imagem invertida dentro do olho.

BRINCANDO DE CIENTISTA

Produzindo uma superfície translúcida

Material:
- fita adesiva transparente;
- tesoura com pontas arredondadas;
- folha de jornal.

Modo de fazer
1. Recorte um pedaço do jornal com duas linhas de texto.
2. Cole um pedaço de fita adesiva em cima do texto. Depois, continue colando várias camadas de fita, uma em cima da outra.

Agora, responda:
- Você pode ver o texto do jornal? O que aconteceu à medida que você foi colando os pedaços de fita?

1 Complete as frases.

a) A luz é um tipo de _____ que transporta energia e se propaga em _____.

b) A lanterna é uma fonte _____ de luz, enquanto a luz do Sol é uma fonte _____.

c) Em dias com luz do Sol e chuva, a luz pode atravessar as gotas de água, formando o _____.

d) A imagem é formada no olho através da luz _____ pelo objeto.

2 Classifique o tipo de material das partes do corpo humano em relação à luz em transparente, translúcido ou opaco.

a)

Unha.

b)

Córnea.

c)

Cabelo.

_____   _____   _____

3 Por que a parte de vidro de uma janela não forma sombra?

_____

PESQUISANDO

1 Alguns animais são capazes de emitir luz própria: são os bioluminescentes. Escolha um deles e pesquise onde vive, de que se alimenta e para que serve a luz que ele emite. Depois, faça um cartaz e o exponha no mural da sala.

Calor

O calor é uma forma de energia transmitida de um corpo para outro quando um é mais "quente" e o outro, mais "frio". Utilizamos essas expressões para indicar a **sensação térmica** que temos ao tocar no corpo. Uma forma mais precisa é medir a **temperatura** usando um **termômetro**.

Quando um corpo recebe calor, sua temperatura aumenta, ou seja, ele esquenta. Quando ele perde calor, sua temperatura diminui, e ele esfria.

GLOSSÁRIO

Termômetro: instrumento que mede a temperatura de um corpo qualquer. A unidade de medida mais utilizada no Brasil é o grau Celsius (°C).

Temos a sensação de frescor ao lavar o rosto em um dia quente porque a água está mais fria que nosso corpo, ocorrendo assim a troca de calor entre os dois.

Nossa principal fonte natural de calor é o Sol, que possibilita a manutenção da vida no planeta. Algumas fontes artificiais são o fogo, a eletricidade e a fricção.

O calor do Sol é essencial para a vida no planeta.

O forno elétrico é uma fonte de calor artificial.

Calor e matéria

A matéria pode ser boa ou má condutora de calor. Bons condutores de calor esquentam e esfriam rapidamente, como os metais, enquanto maus condutores demoram mais para se aquecer ou esfriar, como o EPS (tipo de plástico usado em embalagens), a madeira, os tecidos de lã, entre outros.

Combustão

Combustão é uma reação que gera calor e, muitas vezes, também luz. Ela ocorre, por exemplo, na produção de fogo.

Para que ocorra essa reação, são necessários três elementos essenciais.

Comburente: é o elemento que alimenta a combustão, em geral o gás oxigênio.

Combustível: é o elemento que é queimado. Pode ser sólido, líquido ou gasoso.

madeira

gasolina

gás de cozinha

luz e calor

Ilustrações: Lucas Busatto

Calor inicial: energia necessária para iniciar a combustão, como uma faísca ou uma chama.

ATENÇÃO!

Não manuseie produtos inflamáveis, ou seja, que pegam fogo com facilidade, pois eles podem causar acidentes.

 BRINCANDO DE CIENTISTA

Papel do oxigênio na queima

ATENÇÃO!

Cuidado! Não mexa com fogo! Peça ajuda a um adulto.

Material:

- 1 pires;
- 1 vela pequena;
- fósforos;
- 1 copo de vidro grande (maior que a vela).

Modo de fazer

1. O professor deve acender a vela e fixá-la no pires.
2. Coloque o copo sobre a vela e observe o que acontece.

Agora, responda:

- Como você explica o que aconteceu?

Ilustra Cartoon

ATIVIDADES

1 Faça um **X** nos materiais que são bons condutores de calor.

☐   ☐   ☐   ☐

2 Em grupo, leiam o texto e respondam às questões.

[...] Quando um raio, que anunciava uma tempestade, incendiava uma árvore, o homem pré-histórico não conseguia ainda ter controle sobre ele. Se o fogo adquirido a partir desse episódio se apagasse, era necessário aguardar por outros incêndios [...].

Mas este fogo já o ajudou bastante a cozinhar seu alimento, a iluminar algum lugar na hora desejada, em seu aquecimento e também para se proteger de animais que não se aproximavam do fogo. [...]

Entre 1,8 milhão e 300 mil anos atrás, [...] descobriu que se fizesse fricção entre duas pedras, esfregando uma na outra, ele conseguia produzir uma faísca, que se colocada em algum lugar de fácil combustão, pegaria fogo normalmente. [...]

Ao longo de gerações, o homem soube desenvolver maneiras de transportar e produzir fogo em qualquer lugar, como as tochas com óleos, os fósforos e até os isqueiros. Além disso, ele conseguiu aliar o fogo a outros instrumentos e desenvolver fontes de energia maiores e melhores. [...]

Manuela Musitano. O homem e o fogo. *In*: INVIVO. [*S. l.*], 28 dez. 2012. Disponível em: http://www.invivo.fiocruz.br/cgi/cgilua.exe/sys/start.htm?infoid=1014&sid=9. Acesso em: 3 abr. 2020.

a) Nos três primeiros parágrafos, circule no texto o que causa o calor inicial em cada processo de combustão explicado.

b) Como o fogo contribuiu para a sobrevivência do ser humano e o desenvolvimento da sociedade?

_____

_____

_____

_____

BRINCANDO

1. A energia elétrica acabou no meio da festa de Pedro! Ajude as crianças a encontrar as mochilas no meio da confusão. Siga o caminho da lanterna de cada uma até sua mochila. Use lápis das mesmas cores das lanternas e siga estes critérios:

- ■ a luz segue sempre em linha reta;
- ■ a luz atravessa um objeto transparente;
- ■ a luz é refletida pelo espelho e se desvia pelo caminho.

Ao final, enfeite e pinte as mochilas com as cores que preferir.

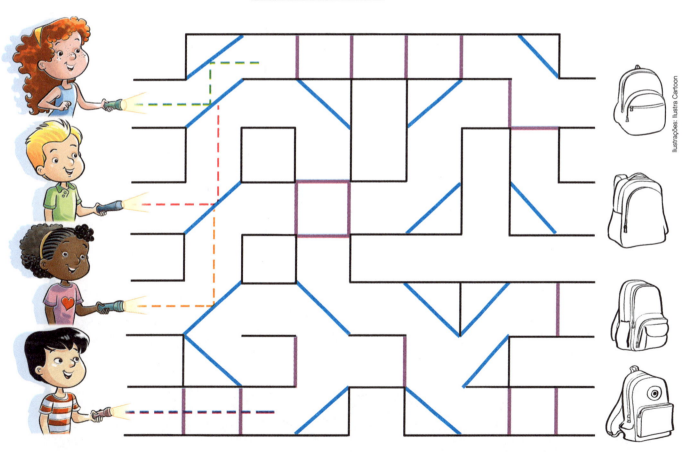

Ilustrações: Ilustra Cartoon

1 A astronauta precisa voltar à sua nave espacial. Ajude-a nessa tarefa.

Marcel Borges

2 Ajude Carol a se alimentar corretamente, evitando verminoses. Leve-a até a refeição, mas antes ela deve lavar as mãos.

 Não dê moleza ao amarelão: volte para casa e calce o sapato!

 A verdura não foi bem lavada e contém ovos de lombriga. Fuja daqui!

 Você não sabe se essa água é potável? Afaste-se daí!

 Ops! Vai colocar a mão suja na boca? Você pode se complicar. Dê meia-volta!

 Ih...! Essa carne não foi bem cozida – essas canjiquinhas são cisticercos de solitária! Socorro!

Ilustrações: Hélio Senatore

3 Para conhecer toda a fazenda percorrendo a trilha, é preciso relembrar o que aprendemos sobre os seres vivos. Preparados?

É só jogar o dado. As perguntas e os desafios que surgirem no caminho devem ser respondidos corretamente; se errar, você terá de voltar duas casas.

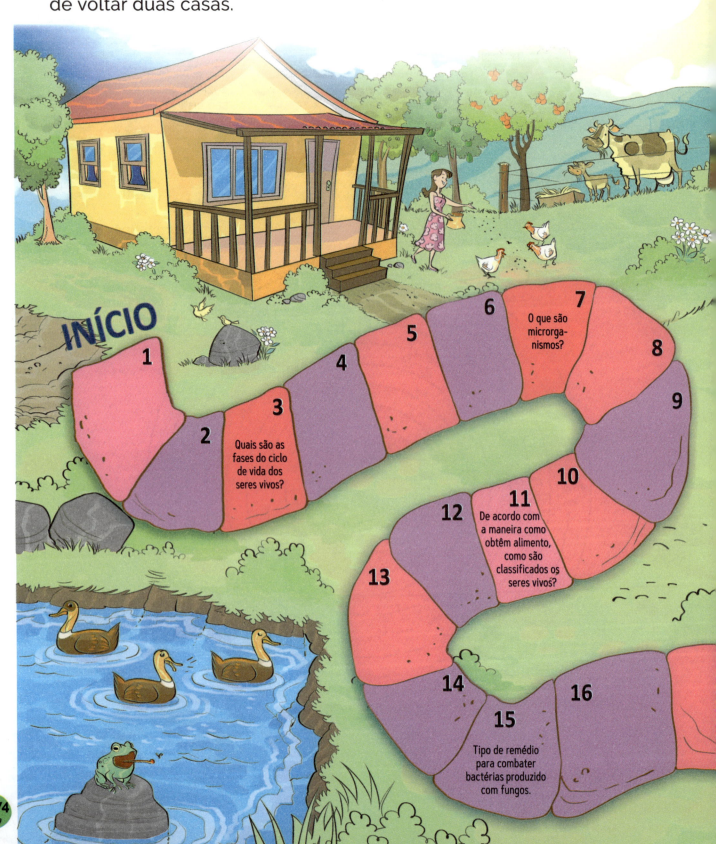

INÍCIO

1

2

3 Quais são as fases do ciclo de vida dos seres vivos?

4

5

6

7 O que são microrganismos?

8

9

10

11 De acordo com a maneira como obtêm alimento, como são classificados os seres vivos?

12

13

14

15 Tipo de remédio para combater bactérias produzido com fungos.

16

25

26

27
Qual é o nome do processo que as plantas fazem para obter alimento?

28

29

30

24

23

31
Que gás as plantas liberam na respiração?

32

33
Que estrutura da planta dá origem ao fruto?

34

22
Cite uma função da folha.

35

36

37
Como é chamado o grupo de animais que não tem coluna vertebral nem crânio?

38

21
Qual é a função da raiz?

39

20

40
Que grupo de animais vertebrados vive exclusivamente em ambiente aquático?

41

19

CHEGADA

42

45

18
Quais são as partes que formam a maioria das plantas?

17

43
Quais características diferenciam as aves de outros vertebrados?

44

Ilustra Cartoon

175

4 Muitas aves fazem ninhos em árvores. Algumas se escondem tão bem no ambiente que é difícil até achá-las!

Um garoto está ouvindo seu som, mas não consegue vê-las. Ajude-o a enxergar o grupo de cinco pássaros vivendo nesta árvore.

Kau Bispo